2025年春 受験用 解答集

愛知県 愛知工業大学名電高等学校

2018～2012年度の7年分

本書は，実物をなるべくそのままに，プリント形式で年度ごとに収録しています。
問題用紙を教科別に分けて使うことができるので，本番さながらの演習ができます。

■ 収録内容

・解答集(この冊子です)

　　書籍ID番号，この問題集の使い方，リアル過去問の活用，解答例と解説，
　　ご使用にあたってのお願い・ご注意，お問い合わせ

・2018(平成30)年度 ～ 2012(平成24)年度　学力検査問題

JN132032

○は 収録あり	年度	'18	'17	'16	'15	'14	'13	'12
■ 問題(一般入試)		○	○	○	○	○	○	○
■ 解答用紙		○	○	○	○	○	○	○
■ 解答		○	○	○	○	○	○	○
■ 解説		○	○	○	○	○	○	○
■ 配点								

☆問題文等の非掲載はありません

もっと過去問！シリーズ

K教英出版

■ 書籍ID番号

入試に役立つダウンロード付録や学校情報などを随時更新して掲載しています。
教英出版ウェブサイトの「ご購入者様のページ」画面で，書籍ID番号を入力してご利用ください。

書籍ID番号　**183021**　▶

（有効期限：2025年9月30日まで）

【入試に役立つダウンロード付録】
「高校合格への道」

■ この問題集の使い方

年度ごとにプリント形式で収録しています。針を外して教科ごとに分けて使用します。①片側，②中央のどちらかでとじてありますので，下図を参考に，問題用紙と解答用紙に分けて準備をしましょう（解答用紙がない場合もあります）。

針を外すときは，けがをしないように十分注意してください。また，針を外すと紛失しやすくなりますので気をつけましょう。

① 片側でとじてあるもの

針を外す　⚠けがに注意

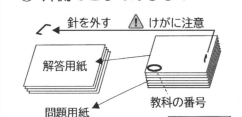

解答用紙

問題用紙　　教科の番号

教科ごとに分ける。　⚠紛失注意

② 中央でとじてあるもの

針を外す　⚠けがに注意

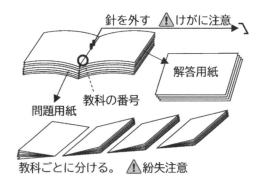

解答用紙

問題用紙　　教科の番号

教科ごとに分ける。　⚠紛失注意

※教科数が上図と異なる場合があります。
　解答用紙がない場合や，問題と一体になっている場合があります。
　教科の番号は，教科ごとに分けるときの参考にしてください。

リアル過去問の活用

~リアル過去問なら入試本番で力を発揮することができる~

✿ 本番を体験しよう！

問題用紙の形式（縦向き／横向き），問題の配置や余白など，実物に近い紙面構成なので本番の臨場感が味わえます。まずはパラパラとめくって眺めてみてください。「これが志望校の入試問題なんだ！」と思えば入試に向けて気持ちが高まることでしょう。

✿ 入試を知ろう！

同じ教科の過去数年分の問題紙面を並べて，見比べてみましょう。

① 問題の量

毎年同じ大問数か，年によって違うのか，また全体の問題量はどのくらいか知っておきましょう。どのくらいのスピードで解けば時間内に終わるのか，大問ひとつにかけられる時間を計算してみましょう。

② 出題分野

よく出題されている分野とそうでない分野を見つけましょう。同じような問題が過去にも出題されていることに気がつくはずです。

③ 出題順序

得意な分野が毎年同じ大問番号で出題されていると分かれば，本番で取りこぼさないように先回りして解答することができるでしょう。

④ 解答方法

記述式か選択式か（マークシートか），見ておきましょう。記述式なら，単位まで書く必要があるかどうか，文字数はどのくらいかなど，細かいところまでチェックしておきましょう。計算過程を書く必要があるかどうかも重要です。

⑤ 問題の難易度

必ず正解したい基本問題，条件や指示の読み間違いといったケアレスミスに気をつけたい問題，後回しにしたほうがいい問題などをチェックしておきましょう。

✿ 問題を解こう！

志望校の入試傾向をつかんだら，問題を何度も解いていきましょう。ほかにも問題文の独特な言いまわしや，その学校独自の答え方を発見できることもあるでしょう。オリンピックや環境問題など，話題になった出来事を毎年出題する学校だと分かれば，日頃のニュースの見かたも変わってきます。

こうして志望校の入試傾向を知り対策を立てることこそが，過去問を解く最大の理由なのです。

✿ 実力を知ろう！

過去問を解くにあたって，得点はそれほど重要ではありません。大切なのは，志望校の過去問演習を通して，苦手な教科，苦手な分野を知ることです。苦手な教科，分野が分かったら，教科書や参考書に戻って重点的に学習する時間をつくりましょう。今の自分の実力を知れば，入試本番までの勉強の道すじが見えてきます。

✿ 試験に慣れよう！

入試では時間配分も重要です。本番で時間が足りなくなってあわてないように，リアル過去問で実戦演習をして，時間配分や出題パターンに慣れておきましょう。教科ごとに気持ちを切り替える練習もしておきましょう。

✿ 心を整えよう！

入試は誰でも緊張するものです。入試前日になったら，演習をやり尽くしたリアル過去問の表紙を眺めてみましょう。問題の内容を見る必要はもうありません。どんな形式だったかな？受験番号や氏名はどこに書くのかな？…ほんの少し見ておくだけでも，志望校の入試に向けて心の準備が整うことでしょう。

そして入試本番では，見慣れた問題紙面が緊張した心を落ち着かせてくれるはずです。

※まれに入試形式を変更する学校もありますが，条件はほかの受験生も同じです。心を整えてあせらずに問題に取りかかりましょう。

数　学

平成**30**年度　**解答例・解説**

━━━━━━━━━━━ 《解答例》 ━━━━━━━━━━━

1 (1)75　(2)320　(3)3　(4)20　(5)5，$\dfrac{200}{11}$　(6)$\dfrac{2}{9}$　(7)$16\pi-12\sqrt{3}$

2 (1)3：4　(2)6

3 (1)$y=2x-16$　(2)(24，0)

4 (1)$\dfrac{448}{3}$　(2)208

━━━━━━━━━━━ 《解　説》 ━━━━━━━━━━━

1 (1)　与式＝$\{-1+(-9)^2\}-\dfrac{3}{4}\times\dfrac{20}{3}=(-1+81)-5=80-5=75$

(2)　$(a+b)^2-6(a+b)+5=\{(a+b)-5\}\{(a+b)-1\}$

また，$a+b=19+2=21$ なので，求める値は，$(21-5)\times(21-1)=16\times20=320$

(3)　$3<\sqrt{a}<3.5$ より，$3^2<(\sqrt{a})^2<3.5^2$　　$9<a<12.25$ で，あてはまる自然数aは，10，11，12 の3個である。

(4)　Aは定価で完売したので，Aを完売したことによって得られる利益をMとし，定価で販売したBの個数をx個，半額で販売したBの個数をy個とする。Bの商品1個あたりの利益について，定価で販売したBは $200\times0.2=40$(円)，定価の半額で販売したBは，$(200+40)\times0.5-200=-80$(円)(80円の損失)である。見込んだ利益について，$M+40(x+y)=10000$ より，$M+40x+40y=10000\cdots$①，実際の利益について，$M+40x-80y=7600\cdots$②である。Mを消去するために，①－②をすると，$40y+80y=10000-7600$　　$120y=2400$　　$y=20$

よって，定価の半額で販売したBの個数は20個である。

(5)　5時のとき長針と短針のつくる小さい方の角度は，$360\times\dfrac{5}{12}=150(°)$ で，x分後に50°になるとする。1分あたり，長針は$\dfrac{360}{60}=6(°)$，短針は$\dfrac{30}{60}=\dfrac{1}{2}(°)$進むから，$x$分後の角度について，$150-6x+\dfrac{1}{2}x=50$ となり，$\dfrac{11}{2}x=100$　　$x=\dfrac{200}{11}$　　よって，求める時刻は，5時$\dfrac{200}{11}$分である。

(6)　2回のさいころの目の出方は，$6\times6=36$(通り)ある。

さいころの目の数	1	2	3	4	5	6
Pがある頂点	B	C	D	A	B	C
Qがある頂点	A	D	C	B	A	D

さいころの目の数と2点P，Qがある頂点について，右表にまとめた。

2点P，Qが同じ頂点にあるときの(1回目，2回目)のさいころの目の出方は，2点がAにある(4，1)(4，5)，Bにある(1，4)(5，4)，Cにある(2，3)(6，3)，Dにある(3，2)(3，6)の8通りだから，求める確率は，$\dfrac{8}{36}=\dfrac{2}{9}$である。

(7)　右図のように正三角形を3つの二等辺三角形にわけて記号をおき，点Oから下ろした垂線と辺ABの交点をHとする。△OAHについて，OAは正三角形の1つの内角を二等分する線分なので，$\angle OAH=\dfrac{60}{2}=30(°)$の直角三角形である。したがって，△OAHの3辺の長さの比は，$OH：OA：AH=1：2：\sqrt{3}$である。$OA=4$(円の半径)なので，$OH=\dfrac{1}{2}OA=2$，$AH=\dfrac{\sqrt{3}}{2}OA=2\sqrt{3}$，$AB=2AH=4\sqrt{3}$，正三角形の高さは，

$4+2=6$ である。よって，正三角形の面積は，$\frac{1}{2} \times 4\sqrt{3} \times 6 = 12\sqrt{3}$ だから，

斜線部分の面積は，$4^2\pi - 12\sqrt{3} = 16\pi - 12\sqrt{3}$

2 (1) AとBの側面積の比が $18\pi : 32\pi = 9 : 16$ だから，相似比は，$\sqrt{9} : \sqrt{16} = 3 : 4$ である。

(2) 相似比が $3 : 4$ だから，体積比は $3^3 : 4^3 = 27 : 64$ となる。よって，Aの体積は，$182\pi \times \frac{27}{27+64} = 54\pi$ (cm³)

Aの底面の半径を r cm，高さを h cm とすると，側面積について，$2\pi rh = 18\pi$ となり，$rh = 9$　体積について，$\pi r^2 h = 54\pi$ となり，$r^2 h = 54$ である。$r^2 h = 54$ に $rh = 9$ を代入すると，$r \times 9 = 54$　　$r = 6$

よって，Aの底面の半径は 6 cm である。

3 (1) AとBの座標を求める。$y = -\frac{1}{2}x^2$ に $x = -8$ を代入すると $y = -32$，$x = 4$ を代入すると $y = -8$ だから，

A$(-8, -32)$，B$(4, -8)$ である。直線ABの方程式を $y = ax + b$ として，$x = -8$，$y = -32$ を代入して，

$-32 = -8a + b$…①，$x = 4$，$y = -8$ を代入して，$-8 = 4a + b$…②とする。①－②でbを消去すると，

$-24 = -12a$　　$a = 2$　　①に $a = 2$ を代入すると，$-32 = -16 + b$　　$b = -16$

よって，求める直線の方程式は，$y = 2x - 16$ である。

(2) 直線ABと y 軸の交点をDとする（右図）。$\triangle OAB = \triangle OAD + \triangle OBD$，

$\triangle CAB = \triangle CAD + \triangle CBD$ であり，$\triangle CAB = 2\triangle OAB$ より，

$\triangle OAD + \triangle OBD = 2\triangle CAD + 2\triangle CBD$ であればよい。

$\triangle OAD$ と $\triangle CAD$ は，底辺をそれぞれOD，DCとしたときの高さが等しいから，

底辺の長さの比は面積比に等しく，$1 : 2$ であればよい。$\triangle OBD$ と $\triangle CBD$ につ

いても，同様のことが言えるので，$\triangle CAB = 2\triangle OAB$ となるCは，OD : DC =

$1 : 2$，OD : OC $= 1 : (1+2) = 1 : 3$ とわかる。Dは直線ABの切片なので

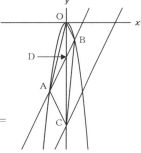

$(0, -16)$ である。OD = 16 だから，OC $= 3 \times 16 = 48$ なので，C$(0, -48)$ とわかる。平行な直線の傾きは等し

いから，点Cを通り直線ABに平行な直線の式は $y = 2x - 48$ である。この直線が x 軸と交わるときの y 座標は0だ

から，$y = 2x - 48$ に $y = 0$ を代入すると，$0 = 2x - 48$　　$x = 24$　　よって，求める座標は $(24, 0)$ である。

4 (1) 辺MF，NHの延長線が交わる点をIとする。頂点Aを含む立体は，右図の太線で示した

ように三角すい I-EFH から三角すい I-AMN をのぞいた立体である。2つの三角すいは

相似で，EF : AM $= 2 : 1$ だから，IE $= 2$IA，IE $=$ IA+AE より，IA $=$ AE $= 8$ cm

である。また，体積比は相似比の3乗に等しいので，$2^3 : 1^3 = 8 : 1$ になる。

三角すい I-EFH の体積は，$\frac{1}{3} \times \frac{1}{2} \times$ EF $\times$ EH $\times$ IE $= \frac{1}{3} \times \frac{1}{2} \times 8 \times 8 \times (8 \times 2) = \frac{512}{3}$ (cm³)

よって，求める立体の体積は，$\frac{512}{3} - \frac{1}{8} \times \frac{512}{3} = (1 - \frac{1}{8}) \times \frac{512}{3} = \frac{448}{3}$ (cm³)

(2) 表面積は，$\triangle$AMN＋$\triangle$EFH＋台形MFEA＋台形NHEA＋台形MFHN で求められる。

台形MFHNについて，$\triangle$BFM は直角三角形なので，三平方の定理より，MF $= \sqrt{MB^2 + BF^2} = \sqrt{4^2 + 8^2} =$

$4\sqrt{5}$ (cm) である。$\triangle$AMN，$\triangle$EFH は直角二等辺三角形だから，MN $= \sqrt{2}$ AM $= 4\sqrt{2}$ (cm)，FH $= \sqrt{2}$ EF $=$

$8\sqrt{2}$ (cm) である。右図のように点M，Nから辺FHに下ろした垂線の交点をJ，Kとする

と，FJ $=$ KH $= \frac{8\sqrt{2} - 4\sqrt{2}}{2} = 2\sqrt{2}$ (cm) なので，$\triangle$MFJ について，三平方の定理より，

MJ $= \sqrt{MF^2 - FJ^2} = \sqrt{(4\sqrt{5})^2 - (2\sqrt{2})^2} = 6\sqrt{2}$ (cm) である。

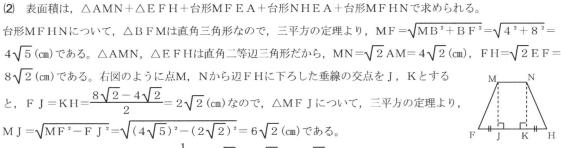

これより，台形MFHNの面積は，$\frac{1}{2} \times (4\sqrt{2} + 8\sqrt{2}) \times 6\sqrt{2} = 72$ (cm)

よって，求める表面積は，$\frac{1}{2} \times 4 \times 4 + \frac{1}{2} \times 8 \times 8 + \frac{1}{2} \times (4+8) \times 8 + \frac{1}{2} \times (4+8) \times 8 + 72 = 208$ (cm²)

───────────── 《解答例》 ─────────────

1 (1) $2(x-y)(x-3y)$　　(2) 7.093　　(3) $a=3$　　$b=-4$　　(4) 3350　　(5) $\dfrac{7}{36}$　　(6) 60°　　(7) 2

2 (1) $y=-\dfrac{1}{4}x+\dfrac{3}{2}$　　(2) 9

3 (1) $\dfrac{1}{3}$　　(2) $\dfrac{5}{3}$

4 (1) 2 : 1　　(2) $\left(-\dfrac{27}{2}, \dfrac{9}{2}\right)$

───────────── 《解　説》 ─────────────

1 (1)　与式 $=x^2-4xy+4y^2+x^2-5xy+xy-5y^2+7y^2$

$\qquad\qquad =2x^2-8xy+6y^2$

$\qquad\qquad =2(x^2-4xy+3y^2)$

$\qquad\qquad =2(x^2-4y\times x+3y^2)=2\{x^2+(-y-3y)x+(-y)(-3y)\}=2(x-y)(x-3y)$

(2)　与式 $=\sqrt{\dfrac{3}{100}}+\dfrac{4}{\sqrt{6}}\times\dfrac{6}{\sqrt{2}}=\dfrac{\sqrt{3}}{10}+\dfrac{24}{2\sqrt{3}}=\sqrt{3}\div10+4\sqrt{3}=1.73\div10+4\times1.73=0.173+6.92=7.093$

(3)　$x+y=1$ …① と $4x+3y=5$ …② を連立方程式として解く。

②－①×3 で y を消去すると，$4x-3x=5-3$　　$x=2$　　①に $x=2$ を代入すると，$2+y=1$　　$y=-1$

したがって，$ax+by=10$ と $bx+ay=-11$ に $x=2$，$y=-1$ をそれぞれ代入すると，

$2a-b=10$ …③，$-a+2b=-11$ …④ となる。これらを連立方程式として解く。

③×2＋④で b を消去すると，$4a-a=20-11$　　$3a=9$　　$a=3$

③に $a=3$ を代入すると，$2\times3-b=10$　　$-b=4$　　$b=-4$

(4)　鉄橋の長さを xm とする。1km＝1000m だか

ら，列車が3分走った様子は右図のようになる。

列車の速さを分速○mに直すと，

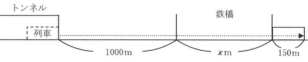

$90\times1000\times\dfrac{1}{60}=1500$（m/分）だから，列車の先頭が3分で走った道のりについて，$1000+x+150=1500\times3$ が成り

立つ。これを解くと，$x=3350$ となるから，鉄橋の長さは 3350m である。

(5)　$2ab+4$ が1以上の平方数（ある整数を2乗してできる数）のとき，$\sqrt{2ab+4}$ は自然数となる。ab の最

小値は $1\times1=1$，最大値は $6\times6=36$ だから，$2\times1+4=6$ 以上で $2\times36+4=76$ 以下の平方数を調べると，

$3^2=9$，$4^2=16$，$5^2=25$，$6^2=36$，$7^2=49$，$8^2=64$ が見つかる。

$2ab+4=9$ となるとき $ab=\dfrac{5}{2}$，$2ab+4=16$ となるとき $ab=6$，$2ab+4=25$ となるとき $ab=\dfrac{21}{2}$，

$2ab+4=36$ となるとき $ab=16$，$2ab+4=49$ となるとき $ab=\dfrac{45}{2}$，$2ab+4=64$ となるとき $ab=30$

である。しかし，a と b は自然数だから ab の値は自然数になるので，条件に合う ab の値は，6，16，30 だけで

ある。$ab=6$ となる (a, b) の出方は，$(1, 6)(2, 3)(3, 2)(6, 1)$ の4通り，$ab=16$ となる (a, b)

の出方は，$(4, 4)$ の1通り，$ab=30$ となる (a, b) の出方は，$(5, 6)(6, 5)$ の2通りある。したがって，

$\sqrt{2ab+4}$ が自然数となる出方は $4+1+2=7$（通り）ある。

(a, b) の出方は全部で $6\times6=36$（通り）あるから，求める確率は，$\dfrac{7}{36}$

(6) 中心角は，同じ弧に対する円周角の2倍の大きさだから，

$\angle BOC = \angle BAC \times 2 = 15° \times 2 = 30°$

中心角の大きさは弧の長さに比例するから，$\overset{\frown}{BC} : \overset{\frown}{BD} = 1 : 3$ より，

$\angle BOC : \angle BOD = 1 : 3$ となるため，$\angle BOD = \angle BOC \times \dfrac{3}{1} = 30° \times 3 = 90°$

円周角は，同じ弧に対する中心角の半分の大きさだから，

$\angle BED = \angle BOD \times \dfrac{1}{2} = 90° \times \dfrac{1}{2} = 45°$

△OBEはOB＝OEの二等辺三角形だから，$\angle EBO = \angle BEO = 45°$

△ABFにおいて，三角形の外角の性質より，$\angle AFE = \angle BAF + \angle ABF = 15° + 45° = 60°$

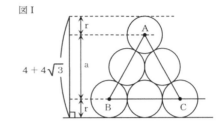

(7) コインの半径を r とし，右の図Ⅰのように作図する（A，B，Cは円の中心）。△ABCは1辺が4r の正三角形である。正三角形の1辺の長さと高さの比は $2 : \sqrt{3}$ だから（右図Ⅱ参照），図Ⅰの a の長さは，$4r \times \dfrac{\sqrt{3}}{2} = 2\sqrt{3}r$

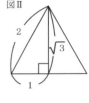

したがって，コインの最高点までの長さについて，

$r + 2\sqrt{3}r + r = 4 + 4\sqrt{3}$　　$2r(1 + \sqrt{3}) = 4(1 + \sqrt{3})$　　$2r = 4$　　$r = 2$

よって，コインの半径は2である。

2　(1) $y = \dfrac{1}{4}x^2$ にAの x 座標の $x = -3$ を代入すると，$y = \dfrac{1}{4} \times (-3)^2 = \dfrac{9}{4}$ となるから，$A\left(-3, \dfrac{9}{4}\right)$

$y = \dfrac{1}{4}x^2$ にBの x 座標の $x = 2$ を代入すると，$y = \dfrac{1}{4} \times 2^2 = 1$ となるから，$B(2, 1)$

直線ABの式を $y = ax + b$ とする。Aの座標から $\dfrac{9}{4} = -3a + b$，Bの座標から $1 = 2a + b$ が成り立つ。

これらを連立方程式として解くと，$a = -\dfrac{1}{4}$，$b = \dfrac{3}{2}$ となるから，直線ABの式は，$y = -\dfrac{1}{4}x + \dfrac{3}{2}$

(2) AB／／QCとなるように y 軸上にQをとると，△PBC＝△PBQとなるので，Qの座標を求めてから，△PBQの面積を求める。

AB／／QCより，直線QCの傾きは直線ABの傾きと等しく，$-\dfrac{1}{4}$ だから，直線QCの式を $y = -\dfrac{1}{4}x + c$ とする。この式に，Cの座標から $x = 6$，$y = 9$ を代入すると，$9 = -\dfrac{1}{4} \times 6 + c$ より $c = \dfrac{21}{2}$ となる。これより，$Q\left(0, \dfrac{21}{2}\right)$ とわかる。また，直線ABの式から，$P\left(0, \dfrac{3}{2}\right)$ とわかる。

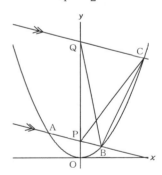

△PBQの底辺を $QP = \dfrac{21}{2} - \dfrac{3}{2} = 9$ としたときの高さは，Bの x 座標の絶対値である2だから，△PBQ $= \dfrac{1}{2} \times 9 \times 2 = 9$

よって，△PBC＝△PBQ＝9

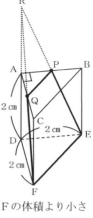

$\boxed{3}$　(1)　小さい方の立体は，底面が△ＡＰＱで，高さがＡＤの三角すいである。ＡＰ＝ＡＱ＝２÷２＝１(cm)，
ＡＤ＝２cmだから，三角すいＤ－ＡＰＱの体積は，$\frac{1}{3}\times(\frac{1}{2}\times1\times1)\times2=\frac{1}{3}$(cm³)

(2)　切り口は右図の太線のようになる。ひと目見ただけでは２つの立体のうちどちらの体積
が大きいかわからないので，とりあえず，立体ＡＰＱ－ＤＥＦの体積を求める。
ＡＤ，ＰＥ，ＱＦを延長すると１点で交わるから，その交点をＲとする。
△ＲＡＰ∽△ＲＤＥが成り立ち，相似比はＡＰ：ＤＥ＝１：２だから，ＲＡ：ＲＤ＝１：２
となるため，ＲＡ＝ＡＤ＝２cm，ＲＤ＝２×２＝４(cm)
２つの三角すいＲ－ＡＰＱ，Ｒ－ＤＥＦは相似で，相似比がＡＰ：ＤＥ＝１：２だから，
体積比は１³：２³＝１：８である。これより，立体ＡＰＱ－ＤＥＦと三角すいＲ－ＤＥＦの
体積比は，（８－１）：８＝７：８である。三角すいＲ－ＤＥＦの体積は，
$\frac{1}{3}\times(\frac{1}{2}\times2\times2)\times4=\frac{8}{3}$(cm³)だから，立体ＡＰＱ－ＤＥＦの体積は，$\frac{8}{3}\times\frac{7}{8}=\frac{7}{3}$(cm³)
三角柱ＡＢＣＤＥＦの体積は，$(\frac{1}{2}\times2\times2)\times2=4$(cm³)で，その$\frac{1}{2}$の体積は立体ＡＰＱ－ＤＥＦの体積より小さ
いから，体積を求める立体は立体ＰＢＣＱＦＥである。よって，求める体積は，$4-\frac{7}{3}=\frac{5}{3}$(cm³)

$\boxed{4}$　(1)　右図のように，ＡＰとｘ軸の交点をＤとし，∠ＤＥＰ＝９０°となるようにＥをと
る。ＡＰがｘ軸によって二等分されるため，ＡＤ＝ＤＰだから，△ＡＯＤ≡△ＤＥＰ
が成り立つ。このため，ＤＥ＝ＡＯ＝０－（－６）＝６だから，Ｐのｙ座標は６である。
Ｂのｙ座標が１８，Ｃのｙ座標が０で，３点Ｂ，Ｐ，Ｃは同一直線上にあるから，
ＢＰ：ＰＣ＝（２点Ｂ，Ｐのｙ座標の差）：（２点Ｐ，Ｃのｙ座標の差）
　　　　　　＝（１８－６）：（６－０）＝２：１

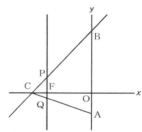

(2)　直線ＰＱとｙ軸が平行だから，△ＱＰＣ∽△ＡＢＣとなり，面積比が１：１６だ
から，相似比は$\sqrt{1}:\sqrt{16}=1:4$である。したがって，右図のようにＦをとると，
ＣＦ：ＣＯ＝１：４となる。Ｃのｘ座標を求めるためにｙ＝ｘ＋１８にｙ＝０を代入する
と，０＝ｘ＋１８よりｘ＝－１８となるから，Ｃ（－１８，０）である。
これより，ＣＯ＝０－（－１８）＝１８だから，ＣＦ＝１８×$\frac{1}{4}=\frac{9}{2}$となるため，
Ｆのｘ座標は，$-18+\frac{9}{2}=-\frac{27}{2}$である。したがって，Ｐのｘ座標も$-\frac{27}{2}$だから，
ｙ＝ｘ＋１８にｘ＝$-\frac{27}{2}$を代入すると，ｙ＝$-\frac{27}{2}+18=\frac{9}{2}$となるので，Ｐ$(-\frac{27}{2}$ ，$\frac{9}{2})$

━━━━━━━━━━━━━━━━━━ 《解答例》 ━━━━━━━━━━━━━━━━━━

[1] (1)$-11\sqrt{2}$　　(2)$\pm\dfrac{\sqrt{5}}{4}$　　(3)$a=-4$　　$b=-2$　　(4)184　　(5)$18\sqrt{2}\,\pi$ cm³　　(6)33°　　(7)$\dfrac{1}{3}$

[2] (1)$y=-\dfrac{1}{2}x+2$　　(2)8　　(3)$y=-\dfrac{3}{2}x$

[3] (1)$\dfrac{3}{2}\pi$　　(2)$12+\dfrac{25}{2}\pi$

━━━━━━━━━━━━━━━━━━ 《解　説》 ━━━━━━━━━━━━━━━━━━

[1]

(1)　与式$=-8\times\dfrac{\sqrt{8}}{8}-9\times\sqrt{2}=-2\sqrt{2}-9\sqrt{2}=-11\sqrt{2}$

(2)　与式より，$9x^2+6x+1=25x^2-4+6x$　$16x^2=5$　$x^2=\dfrac{5}{16}$　$x=\pm\sqrt{\dfrac{5}{16}}$　$x=\pm\dfrac{\sqrt{5}}{4}$

(3)　$x=2$，$y=-1$を，$ax-2y=3b$，$bx+3ay=8$のそれぞれに代入して，

　　$2a+2=3b$より，$2a-3b=-2\cdots$①　　$2b-3a=8$より，$3a-2b=-8\cdots$②

　　①×2－②×3より，$-5a=20$　$a=-4$　①に代入して，$-8-3b=-2$　$b=-2$

(4)　長椅子の数をx脚として，来た人の人数についての1次方程式を立て，先に長椅子の数を求めてから来た人の人数を求める。

　　座る人数が5人ずつのとき，来た人の人数は$5x+4$（人）である。また，座る人数が6人ずつのとき，座席数は$6x$（席）で，そのうち座らない席が$6\times5+2=32$（席）あるから，来た人の人数は$6x-32$（人）である。

　　$5x+4=6x-32$より，$x=36$　長椅子は36脚だから，求める人数は，$5\times36+4=184$（人）

(5)　展開図の側面の扇形の半径を r cmとすると，弧の長さは$2\pi r\times\dfrac{120}{360}=\dfrac{2\pi r}{3}$（cm）と表せる。これが，

　　底面の円周，$2\pi\times3=6\pi$（cm）に等しいから，$\dfrac{2\pi r}{3}=6\pi$より，r＝9（cm）

　　次に右のように作図してできる直角三角形で，三平方の定理を使うと，

　　$h=\sqrt{9^2-3^2}=6\sqrt{2}$（cm）

　　よって，求める体積は，$\dfrac{1}{3}\times3^2\pi\times6\sqrt{2}=18\sqrt{2}\,\pi$（cm³）

(6)　右図のように記号をおく。

　　直線BCは，点Bにおける円Oの接線だから，∠ABC＝90°

　　三角形の外角はこれと隣り合わない2つの内角の和に等しいから，

　　△ABEにおいて，∠AEB＝90－10＝80（°）

　　△ECDにおいて，∠CDE＝80－47＝33（°）

　　よって，∠ADC＝∠CDE＝33°

(7)　さいころの目の出方は6通りある。それぞれの目が出たときの点X，Y
が移った頂点は右の表のようになる。よって，点X，Yが同じ頂点にある
のは1と6の目が出たときであり，求める確率は，$\dfrac{2}{6}=\dfrac{1}{3}$

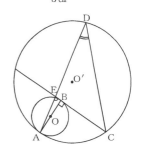

目	1	2	3	4	5	6
X	C	B	A	C	B	A
Y	C	A	C	A	C	A

[2]

(1)　点Aはx座標が-4で$y=\dfrac{1}{4}x^2$上にあることから，$x=-4$を代入すると$y=4$より，A$(-4，4)$

　　点Bについても同じように考えて，$x=-2$を代入すると$y=1$より，B$(-2，1)$

　　点Cは，点Bとy軸について対称だから，C$(2，1)$

直線ACの方程式を$y = mx + n$とする。点Aを通ることから，$-4m + n = 4 \cdots ①$

点Cを通ることから，$2m + n = 1 \cdots ②$　　①と②の連立方程式を解くと，$m = -\dfrac{1}{2}$，$n = 2$

よって，求める直線の方程式は，$y = -\dfrac{1}{2}x + 2$

(2)　四角形OBACを△OBCと△ABCに分けて考える

△OBCについて，底辺をBC$= 2 - (-2) = 4$としたときの高さは1だから，面積は，$\dfrac{1}{2} \times 4 \times 1 = 2$

△ABCについて，底辺をBC$= 4$としたときの高さは$4 - 1 = 3$だから，面積は，$\dfrac{1}{2} \times 4 \times 3 = 6$

よって，四角形OBACの面積は，$2 + 6 = 8$

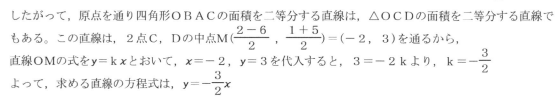

(3)　OBの傾きを調べると，$-\dfrac{1}{2}$になることから，OB//AC

直線AC上の点Aの左側に，AD$=$OBとなる点Dを取ると，

2点O，Bの増加量と，2点A，Dの増加量が等しいことから，

点Dのx座標は$-4 + (-2) = -6$，y座標は$4 + 1 = 5$となり，D$(-6, 5)$

△OAB$=$△OADとなることから，△OCDの面積は，

四角形OBACに等しいことがわかる。

したがって，原点を通り四角形OBACの面積を二等分する直線は，△OCDの面積を二等分する直線でもある。この直線は，2点C，Dの中点M$\left(\dfrac{2-6}{2}, \dfrac{1+5}{2}\right) = (-2, 3)$を通るから，

直線OMの式を$y = kx$とおいて，$x = -2$，$y = 3$を代入すると，$3 = -2k$より，$k = -\dfrac{3}{2}$

よって，求める直線の方程式は，$y = -\dfrac{3}{2}x$

[3]

(1)　求める長さは，半径がBC$= 3$で中心角が$90°$のおうぎ形の弧の長さだから，

$3 \times 2\pi \times \dfrac{90}{360} = \dfrac{3}{2}\pi$

(2)　右図のように記号をおく。頂点Bが描く曲線は太線

部分であり，この曲線と直線で囲まれた図形は，右図

のように，直角三角形ア，イと3つのおうぎ形ウ，エ，

オに分けられる。直角三角形アとイは，3辺の長さが

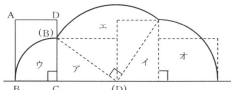

3，4，5の合同な直角三角形であり，アとイの面積の和は，長方形ABCDの面積に等しい。

おうぎ形ウの半径は3，おうぎ形エの半径は5，おうぎ形オの半径は4で，3つのおうぎ形の中心角は

$90°$だから，求める面積は，$4 \times 3 + 3^2\pi \times \dfrac{1}{4} + 5^2\pi \times \dfrac{1}{4} + 4^2\pi \times \dfrac{1}{4} = 12 + \dfrac{25}{2}\pi$

平成 **27** 年度 解答例・解説

═══════════════════ 《解答例》 ═══════════════════

[1] (1)$-10\sqrt{6}$ (2)$(x-1)(y-z)$ (3)$x=1,\ -\dfrac{3}{2}$ (4)8 (5)150 (6)67.5°

[2] (1)$\dfrac{1}{4}$ (2)$y=-\dfrac{3}{4}x+1$ (3)$1:4$

[3] (1)60° (2)$8\sqrt{3}-8$

[4] (1)$1:12$ (2)$\dfrac{30}{13}$

═══════════════════ 《解　説》 ═══════════════════

[1]

(1)　与式$=\{(\sqrt{7}+\sqrt{2})(\sqrt{7}-\sqrt{2})\}^2-5(3+2\sqrt{6}+2)$

　　　　$=(7-2)^2-5(5+2\sqrt{6})=25-25-10\sqrt{6}=-10\sqrt{6}$

(2)　与式$=xy-xz-y+z=x(y-z)-(y-z)=(x-1)(y-z)$

(3)　与式より，$3x^2-2x-1=x^2-3x+2$　　　$2x^2+x-3=0$

2次方程式の解の公式より，$x=\dfrac{-1\pm\sqrt{1^2-4\times2\times(-3)}}{2\times2}=\dfrac{-1\pm5}{4}$

$x=\dfrac{-1+5}{4}=1,\ x=\dfrac{-1-5}{4}=-\dfrac{3}{2}$

(4)　買ったケーキの個数をx個とすると，シュークリームの個数は$(20-x)$個，税抜価格の合計は，

$320x+120(20-x)=200x+2400$（円）と表せる。

消費税が5％から8％に$8-5=3$（％）上がったことで，税込みで支払う金額が120円上がったから，

$(200x+2400)\times\dfrac{3}{100}=120$

これを解くと$x=8$だから，買ったケーキの個数は8個である。

(5)　5回の操作で取り出した玉の個数の合計は$20\times5=100$（個）で，そのうちの赤玉の個数の合計は

$7+9+5+6+3=30$（個）だから，全体に対する赤玉の割合は，およそ$\dfrac{30}{100}=\dfrac{3}{10}$である。

よって，赤玉の個数は，およそ$500\times\dfrac{3}{10}=150$（個）

(6)　円周角の定理より，∠CBE＝∠CAE＝×だから，∠DBE＝○＋×

三角形の外角の性質より，∠BDE＝∠DBA＋∠DAB＝○＋×

以上より，∠DBE＝∠BDEだから，△EBDはEB＝EDの二等辺三角形とわかり，

∠DBE＝$(180-45)\div2=67.5$（°）

[2]

(1)　点Aの座標より，$y=ax^2$に$x=-4$，$y=4$を代入すると，$4=a\times(-4)^2$より，$a=\dfrac{1}{4}$

(2)　$y=\dfrac{1}{4}x^2$に$x=1$を代入すると$y=\dfrac{1}{4}$になるから，B$\left(1,\ \dfrac{1}{4}\right)$

直線ABの式を$y=mx+n$とし，

点Aを通るから$x=-4$，$y=4$を代入すると，$4=-4m+n$

点Bを通るから$x=1$，$y=\dfrac{1}{4}$を代入すると，$\dfrac{1}{4}=m+n$

これらを連立方程式として解くと，$m=-\dfrac{3}{4}$，$n=1$ となるから，直線ＡＢの式は，$y=-\dfrac{3}{4}x+1$

(3) 点Ｃを通り直線ＡＢに平行な直線と直線ＡＤとの交点をＥと

する と，△ＡＥＢ＝△ＡＣＢとなる。△ＡＥＢ：△ＡＢＤ＝

ＥＡ：ＡＤだから，ＥＡ：ＡＤを求めればよい。

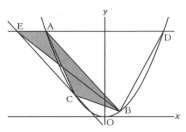

点Ｃの座標は $(-2，1)$ とわかるので，直線ＣＥの式を $y=-\dfrac{3}{4}x+c$

とおき，$x=-2$，$y=1$ を代入すると，$c=-\dfrac{1}{2}$ となる。

$y=-\dfrac{3}{4}x-\dfrac{1}{2}$ に $y=4$ を代入すると $x=-6$ となるから，Ｅ$(-6，4)$

△ＡＣＢ：△ＡＢＤ＝ＥＡ：ＡＤ＝$\{-4-(-6)\}$：$\{4-(-4)\}$＝1：4

[3]

(1) 円周角の定理より，$\angle\mathrm{ADB}=\angle\mathrm{ACB}=75°$

△ＡＢＣはＡＢ＝ＡＣの二等辺三角形だから，$\angle\mathrm{BAC}=180-75\times2=30(°)$

弧の長さは，円周角の大きさに比例するから，$\angle\mathrm{CAD}=\dfrac{1}{2}\angle\mathrm{BAC}=15(°)$

△ＡＢＤの内角の和より，$\angle\mathrm{ABD}=180-75-30-15=60(°)$

(2) △ＡＢＣと△ＡＤＣの面積の和から，四角形ＡＢＣＤの面積を求める。

ＡＣとＢＤの交点をＥとする。

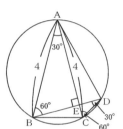

(1)と，円周角の定理より，右図のように角度がわかるから，△ＡＢＥと

△ＤＣＥは3辺の長さの比が $1:2:\sqrt{3}$ の直角三角形である。

したがって，$\mathrm{BE}=\dfrac{1}{2}\mathrm{AB}=2$，$\mathrm{AE}=\sqrt{3}\,\mathrm{BE}=2\sqrt{3}$

$\mathrm{CE}=\mathrm{AC}-\mathrm{AE}=4-2\sqrt{3}$，$\mathrm{ED}=\sqrt{3}\,\mathrm{CE}=4\sqrt{3}-6$

よって，四角形ＡＢＣＤの面積は，$\dfrac{1}{2}\times\mathrm{AC}\times\mathrm{BE}+\dfrac{1}{2}\times\mathrm{AC}\times\mathrm{ED}=4+8\sqrt{3}-12=8\sqrt{3}-8$

[4]

(1) △ＤＧＨ∽△ＤＥＦが成り立ち，その相似比は $1:2$ だから，面積比は $1^2:2^2=1:4$ である。

したがって，△ＤＧＨを底面とし，高さがＡＤの三角柱の体積は，三角柱ＡＢＣＤＥＦの体積の $\dfrac{1}{4}$ 倍だから，

三角錐ＡＤＧＨの体積は，三角柱ＡＢＣＤＥＦの体積の $\dfrac{1}{4}\times\dfrac{1}{3}=\dfrac{1}{12}$(倍)である。

よって，求める比は，$\dfrac{1}{12}:1=1:12$

(2) 求める長さは，三角錐ＡＤＧＨの底面を△ＡＧＨとしたときの高さだから，三角錐ＡＤＧＨの体積と，

△ＡＧＨの面積を調べる。

三平方の定理より，$\mathrm{EF}=\sqrt{\mathrm{DF}^2-\mathrm{DE}^2}=12$ だから，(1)より，三角錐ＡＤＧＨの体積は，

$\{(\dfrac{1}{2}\times5\times12)\times6\}\times\dfrac{1}{12}=15$

また，$\angle\mathrm{AGH}=90°$ であり，中点連結定理より，$\mathrm{GH}=\dfrac{1}{2}\mathrm{EF}=6$

△ＧＤＡと△ＤＥＦにおいて，$\mathrm{GD}:\mathrm{DE}=\mathrm{DA}:\mathrm{EF}=1:2$，$\angle\mathrm{GDA}=\angle\mathrm{DEF}$ だから，

△ＧＤＡ∽△ＤＥＦで，相似比は $1:2$ である。これより，$\mathrm{GA}=\dfrac{1}{2}\mathrm{DF}=\dfrac{13}{2}$

したがって，$\triangle\mathrm{AGH}=\dfrac{1}{2}\times\mathrm{GH}\times\mathrm{GA}=\dfrac{39}{2}$ だから，求める長さをhとすると，$\dfrac{1}{3}\times\dfrac{39}{2}\times h=15$　　$h=\dfrac{30}{13}$

平成 **26** 年度 解答例・解説

═══════════════════════ 《解答例》 ═══════════════════════

[1] (1) 5　　(2) 50　　(3) n ＝ 8　　(4) 162　　(5) $\dfrac{4}{7}$　　(6) 63°

[2] (1) 67.5°　　(2) $\dfrac{\sqrt{2}}{4}+\dfrac{\pi}{8}$

[3] (1) a ＝ 3　　b ＝ $\dfrac{9}{2}$　　(2) y ＝ 6

[4] (1) 16$\sqrt{3}$　　(2) $\dfrac{13}{16}$

═══════════════════════ 《解　説》 ═══════════════════════

[1]

(1) 与式 ＝ $(\dfrac{3}{4}-2\sqrt{3}+4)+\dfrac{6\times\sqrt{3}}{\sqrt{3}\times\sqrt{3}}+\dfrac{1}{4}=\dfrac{3}{4}-2\sqrt{3}+4+2\sqrt{3}+\dfrac{1}{4}=5$

(2) 値を求める式を整理すると，与式 ＝ $2(x^2+4xy+4y^2)=2(x+2y)^2$

この式に $x+2y=5$ を代入すると，求める値は，$2\times5^2=50$

(3) 正 n 角形の 1 つの外角の大きさを a° とすると，1 つの内角の大きさは (a ＋90)° と表せる。

したがって，a ＋(a ＋90)＝180 だから，2 a ＝90 より，a ＝45

多角形の外角の和は 360° になるから，45 n ＝360 より，n ＝8

(4) コップ 1 個の重さを x g とし，A から B へ 40 g の水を移したあと

の A に入っている水の重さを y g とすると，このとき B に入っている水の重さは 3 y g と表せる。

最後のコップを含めた重さは，A が (x ＋ y) g，B が (x ＋3 y) g だから，(x ＋ y)：(x ＋3 y)＝5：6 より，

6 (x ＋ y)＝5 (x ＋3 y)

これを，整理すると，x ＝9 y …①

また，最初のコップを含めた重さは，A が (x ＋ y ＋40) g，B が (x ＋3 y －40) g だから，同様にすれば，

(x ＋ y ＋40)：(x ＋3 y －40)＝5：4 より，x ＋11y ＝360…②

②に①を代入すると，9 y ＋11y ＝360 より，y ＝18

①に y ＝18 を代入すると x ＝9×18＝162 となるから，コップ 1 個の重さは 162 g である。

(5) 4 人の男子を A，B，C，D とし，3 人の女子を P，Q，R として区別する。できる 2 人の組み合わせは，

(A，B)(A，C)(A，D)<u>(A，P)(A，Q)(A，R)</u>(B，C)(B，D)<u>(B，P)(B，Q)(B，R)</u>(C，D)

<u>(C，P)(C，Q)(C，R)</u><u>(D，P)(D，Q)(D，R)</u>(P，Q)(P，R)(Q，R) の 21 通りあり，このうち男女 1 人ずつの組は下線をつけた 12 通りである。よって，求める確率は，$\dfrac{12}{21}=\dfrac{4}{7}$

(6) AD を結ぶと，弧と円周角は比例するから，$\overset{\frown}{DA}=\overset{\frown}{AB}$ より，∠DBA＝∠ADB

また，$\overset{\frown}{DC}$：$\overset{\frown}{DA}$＝$\overset{\frown}{DC}$：$\overset{\frown}{AB}$＝1：2 より，∠DAC：∠ADB＝1：2

したがって，∠DAC＝a° とすると，∠DBA＝∠ADB＝2 a°

と表せる。△ABD の内角の和について，(75＋ a)＋2 a ＋2 a ＝180 が成り立つから，これを解くと，

a ＝21 となる。よって，∠DBA＝42° だから，△ABE の内角の和より，∠AEB＝180－42－75＝63(°)

[2]

(1) 線分 AB は直径だから，△ABD は∠ADB＝90° の直角三角形である。

$\overset{\frown}{AC}=\overset{\frown}{BC}$ より，C は $\overset{\frown}{AB}$ の中点だから，△ABC は AC＝BC の直角二等辺三角形であり，

(10)

∠ＢＡＣ＝45°とわかる。

折り返した角度は等しいから，∠ＢＡＤ＝∠ＣＡＤより，∠ＢＡＤ＝$\frac{1}{2}$∠ＢＡＣ＝22.5(°)である。

よって，△ＡＢＤの内角の和より，∠ＡＢＤ＝180－90－22.5＝67.5(°)

(2) ＯＤを結ぶと，面積を求める部分は，△ＯＡＤとおうぎ形ＯＢＤを合わせた図形とわかる。

△ＯＡＤはＯＡ＝ＯＤの二等辺三角形であり，三角形の１つの外角はそれととなり合わない２つの内角の和に等しいから，∠ＢＯＤ＝22.5＋22.5＝45(°)

半円Ｏの半径は$2×\frac{1}{2}=1$だから，右図のようにＤからＡＢに垂線ＤＨを

引くと，△ＯＤＨはＯＨ＝ＤＨの直角二等辺三角形となり，

ＤＨ＝$\frac{1}{\sqrt{2}}$ＯＤ＝$\frac{\sqrt{2}}{2}$である。

よって，求める面積は，$\frac{1}{2}×$ＯＡ$×$ＤＨ$+1^2π×\frac{45}{360}=\frac{\sqrt{2}}{4}+\frac{π}{8}$

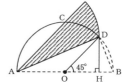

[3]

(1) 点Ａは放物線上の点だから，$y=ax^2$に$x=-\frac{1}{2}$，$y=\frac{3}{4}$を代入すると，$\frac{3}{4}=a×(-\frac{1}{2})^2$より，$a=3$

また，点Ａは直線上の点でもあるから，$y=bx+3$に$x=-\frac{1}{2}$，$y=\frac{3}{4}$を代入すると，$\frac{3}{4}=-\frac{1}{2}b+3$より，

$b=\frac{9}{2}$

(2) ２点Ａ，Ｂは放物線上の点だから，Ａ$(-1，a)$，Ｂ$(2，4a)$と表せる。２点Ａ，Ｂは直線上の点でもあるから，$y=bx+3$に$x=-1$，$y=a$を代入すると，$a=-b+3$…①

$y=bx+3$に$x=2$，$y=4a$を代入すると，$4a=2b+3$…②

①×２＋②でｂを消去すると，$6a=9$より，$a=\frac{3}{2}$

よって，点Ｂのy座標は，$y=4×\frac{3}{2}=6$

[4]

(1) 四面体ＡＢＣＤのすべての面は，１辺の長さが４の正三角形である。

正三角形の１辺の長さと高さの比は$1:\frac{\sqrt{3}}{2}$だから，１辺の長さが４の正三角形の高さは$4×\frac{\sqrt{3}}{2}=2\sqrt{3}$

である。よって，求める表面積は，$(\frac{1}{2}×4×2\sqrt{3})×4=16\sqrt{3}$

(2) 四面体ＡＢＣＤと四角錐ＡＣＤＦＥは底面をそれぞれ△ＢＣＤ，四角形ＣＤＦＥとしたときの高さが等しいから，体積比は底面積の比に等しい。したがって，四角形ＣＤＦＥの面積が△ＢＣＤの面積の何倍かを求める。このため，△ＢＣＤの面積をＳとして，高さが等しい三角形の面積比は底辺の長さの比に等しいことを利用する。ＢＥ：ＢＣ＝ＢＥ：(ＢＥ＋ＥＣ)＝ＢＥ：４ＢＥ＝１：４より，

△ＢＥＤ：△ＢＣＤ＝ＢＥ：ＢＣ＝１：４だから，△ＢＥＤ＝$\frac{1}{4}$Ｓ

同様に，ＦＢ：ＤＢ＝ＦＢ：(ＤＦ＋ＦＢ)＝３：４だから，△ＢＥＦ＝$\frac{3}{4}$△ＢＥＤ＝$\frac{3}{16}$Ｓ

よって，四角形ＣＤＦＥ＝△ＢＣＤ－△ＢＥＦ＝$\frac{13}{16}$Ｓだから，

四角錐ＡＣＤＦＥの体積は四面体ＡＢＣＤの体積の$\frac{13}{16}$倍とわかる。

=《解答例》=

[1] (1)$10\sqrt{2}$　(2)$(2x-3)(y-2)$　(3)$-\dfrac{3}{2}$　(4)35, 42　(5)$9:5$　(6)1400

[2] (1)$\dfrac{\pi a^2 x}{360}$　(2)$\dfrac{\pi a x}{180}$　(3)$\pi a b$

[3] (1)$\left(\dfrac{2}{3}, \dfrac{2}{9}\right)$　(2)$\dfrac{16}{27}\pi$

[4] (1)$3-a$　(2)9

=《解　説》=

[1]

(1) 　与式$=3\times5\sqrt{2}+\dfrac{4\times\sqrt{2}}{\sqrt{2}\times\sqrt{2}}-7\sqrt{2}=15\sqrt{2}+2\sqrt{2}-7\sqrt{2}=10\sqrt{2}$

(2) 　与式$=2x(y-2)-3(y-2)=(2x-3)(y-2)$

(3) 　与式$=\dfrac{x^2y^3\times y^4}{x^3y^6}=\dfrac{y}{x}=y\div x$　この式に$x=-\dfrac{1}{2}$, $y=\dfrac{3}{4}$を代入すると，$\dfrac{3}{4}\div\left(-\dfrac{1}{2}\right)=-\dfrac{3}{2}$

(4) 　小さい方をaとすると，2けたの自然数は，$10a+(a+2)=11a+2\,(0<a\leqq7)$または

$10(a+2)+a=11a+20\,(0\leqq a\leqq7)$と表せる。

2けたの自然数が$11a+2$となるとき，$a(a+2)+(11a+2)=50$　$a^2+13a-48=0$

$(a+16)(a-3)=0$　$0<a\leqq7$より，$a=3$

したがって，$11a+2=35$

2けたの自然数が$11a+20$となるとき，$a(a+2)+(11a+20)=50$　$a^2+13a-30=0$

$(a+15)(a-2)=0$　$0\leqq a\leqq7$より，$a=2$

したがって，$11a+20=42$

(5) 　右図のように$\angle CAD=a$，同じ弧に対する円周角は等しいから，

$\angle ADB=\angle ACB=b$とする。

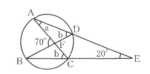

三角形の1つの外角は，これととなりあわない2つの内角の和に等しい

から，$\triangle AFD$において，$\angle AFB=\angle FAD+\angle FDA$より，$a+b=70°$

$\triangle ACE$において，$\angle ACB=\angle CAE+\angle CEA$より，$a+20°=b$

以上より，$a+(a+20°)=70°$　$a=25°$　$b=70°-a=45°$

円周角と弧は比例するから，$\overset{\frown}{AB}:\overset{\frown}{DC}=\angle ADB:\angle CAD=45°:25°=9:5$

(6) 　赤玉の個数は全体の$\dfrac{15}{50}=\dfrac{3}{10}$と推測されるから，全体の個数は$600\div\dfrac{3}{10}=2000$(個)と推測される。

よって，白玉の個数は$2000-600=1400$(個)と推測される。

[2]

(1) 　$S=\pi a^2\times\dfrac{x}{360}=\dfrac{\pi a^2 x}{360}$

(2) 　$\ell=2\pi a\times\dfrac{x}{360}=\dfrac{\pi a x}{180}$

(3) 底面の円周はℓと等しいから，$2\pi b=\ell$より，$2\pi b=\dfrac{\pi a x}{180}$　$360\pi b=\pi a x$　$x=\dfrac{360 b}{a}$

これを$S=\dfrac{\pi a^2 x}{360}$に代入すると，$S=\dfrac{\pi a^2}{360}\times\dfrac{360 b}{a}=\pi a b$

[3]

(1) 右図のように作図すると，△ABCが直角二等辺三角形ならば，

△DBA，△DCAも直角二等辺三角形になる。

つまり，BD＝AD＝DCとなる。

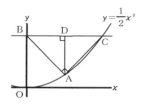

点Aのx座標をa（$a>0$）とおくと，点Aは放物線上にあるから，

$y=\dfrac{1}{2}x^2$に$x=a$を代入すると，$y=\dfrac{1}{2}a^2$より，A$\left(a,\ \dfrac{1}{2}a^2\right)$

AD＝DC＝BD＝aだから，Cのx座標は，$a+a=2a$

y座標は$\dfrac{1}{2}a^2+a$だから，C$\left(2a,\ \dfrac{1}{2}a^2+a\right)$

点Cは放物線上にあるから，$y=\dfrac{1}{2}x^2$に$x=2a$，$y=\dfrac{1}{2}a^2+a$を代入すると，$\dfrac{1}{2}a^2+a=\dfrac{1}{2}\times(2a)^2$

より，$\dfrac{1}{2}a^2+a=2a^2$　$3a^2-2a=0$　$a(3a-2)=0$　$a>0$より，$a=\dfrac{2}{3}$

$\dfrac{1}{2}a^2$に$a=\dfrac{2}{3}$を代入すると$\dfrac{1}{2}\times\left(\dfrac{2}{3}\right)^2=\dfrac{2}{9}$より，点Aの座標は，$\left(\dfrac{2}{3},\ \dfrac{2}{9}\right)$

(2) CAの延長とy軸との交点をFとすると，△BFCは直

角二等辺三角形になるから，BF＝BC＝$2\times\dfrac{2}{3}=\dfrac{4}{3}$

Aからy軸に垂線AEを引くと，△EAB，△EFAは合

同な直角二等辺三角形になるから，BE＝FE＝AE＝$\dfrac{2}{3}$

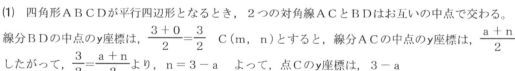

底面の半径がBC，高さがBFである円すいの体積V_1は，

$V_1=\dfrac{1}{3}\times\left(\dfrac{4}{3}\right)^2\pi\times\dfrac{4}{3}=\dfrac{64}{81}\pi$

底面の半径がAE，高さがBEである円すいの体積V_2は，$V_2=\dfrac{1}{3}\times\left(\dfrac{2}{3}\right)^2\pi\times\dfrac{2}{3}=\dfrac{8}{81}\pi$

底面の半径がAE，高さがFEである円すいの体積V_3は，$V_3=V_2=\dfrac{8}{81}\pi$

よって，求める体積は，$V_1-V_2-V_3=\dfrac{64}{81}\pi-\dfrac{8}{81}\pi-\dfrac{8}{81}\pi=\dfrac{48}{81}\pi=\dfrac{16}{27}\pi$

[4]

(1) 四角形ABCDが平行四辺形となるとき，2つの対角線ACとBDはお互いの中点で交わる。

線分BDの中点のy座標は，$\dfrac{3+0}{2}=\dfrac{3}{2}$　C（m，n）とすると，線分ACの中点のy座標は，$\dfrac{a+n}{2}$

したがって，$\dfrac{3}{2}=\dfrac{a+n}{2}$より，$n=3-a$　よって，点Cのy座標は，$3-a$

(2) 右図のように補助線をひき，記号をおく。

△ABDの面積は平行四辺形ABCDの面積の半分になるから，

△ABD＝$30\div2=15$

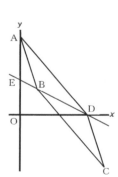

△AEDと△ABDは，底辺をそれぞれED，BDとしたときの高さが等しい

から，面積比は底辺の長さの比ED：BDに等しい。

点E，B，Dのx座標の差より，ED：BD＝8：（8－2）＝4：3

したがって，△ＡＥＤ＝$\frac{4}{3}$△ＡＢＤ＝20

2点Ｂ，Ｄの座標より，直線ＢＤの式は$y=-\frac{1}{2}x+4$だから，Ｅ（0，4）

0＜ａ＜4のとき，△ＡＥＤの面積より，$\frac{1}{2}\times(4-a)\times8=20$

ａ＝－1　　0＜ａ＜4より，これは不適。

ａ＞4のとき，△ＡＥＤの面積より，$\frac{1}{2}\times(a-4)\times8=20$

ａ＝9　　これはａ＞4を満たしている。

=== 《解答例》 ===

[1](1) $3\sqrt{3}$　　(2) x^2y　　(3) $x=3$　$y=2$　　(4) $72°$　　(5) $\dfrac{1}{4}$　　(6) 75

[2](1) $\dfrac{5}{2}$　　(2) $y=-27x$

[3](1) $4:3$　　(2) $\dfrac{23}{4}$

[4](1) $2\sqrt{2}$　　(2) $\dfrac{8\sqrt{2}}{3}$

=== 《解　説》 ===

[1]

(1) 与式 $=\dfrac{18\times\sqrt{3}}{\sqrt{3}\times\sqrt{3}}-\dfrac{4}{2\sqrt{2}}+\sqrt{2}-3\sqrt{3}=6\sqrt{3}-\dfrac{2\times\sqrt{2}}{\sqrt{2}\times\sqrt{2}}+\sqrt{2}-3\sqrt{3}=3\sqrt{3}$

(2) 与式 $=9x^2y^4\times\dfrac{z^2}{6xy^3}\times\dfrac{2x}{3z^2}=\dfrac{9x^2y^4\times z^2\times 2x}{6xy^3\times 3z^2}=x^2y$

(3) $\begin{cases}0.4x+y=3.2\cdots① \\ 4x-\dfrac{y+10}{3}=8\cdots②\end{cases}$ とする。

②より，$12x-(y+10)=24$　　$12x-y-10=24$　　$y=12x-34\cdots②'$

①に②'を代入して，$0.4x+12x-34=3.2$　　$2x+60x-170=16$　　$62x=186$　　$x=3$

②'に $x=3$ を代入して，$y=12\times 3-34=36-34=2$

(4) AE∥CDより，平行線の錯角は等しいから，$\angle EAF=\angle CDA=27°$

線分AC，BCを結ぶと，ABは直径より，$\angle ACB=90°$

$\overset{\frown}{AC}=\overset{\frown}{BC}$だから，円周角の定理により，$\angle ABC=\angle BAC$

△ABCはAC＝BCの直角二等辺三角形となるから，$\angle ABC=\angle BAC=45°$

$\overset{\frown}{AC}$に対する円周角は等しいから，$\angle AEC=\angle ABC=45°$

△AEFにおいて，外角の性質により，$\angle AFC=\angle EAF+\angle AEF=27+45=72(°)$

(5) さいころを2回投げるとき，すべての目の出方は $6^2=36$(通り)である。ボールが箱Aに戻るには，2回のさいころの目の和が4の倍数になればよいから，条件を満たす（1回目，2回目）のさいころの目の出方は，$(1,3)$ $(2,2)(2,6)(3,1)(3,5)(4,4)(5,3)(6,2)(6,6)$の9通りである。よって，求める確率は，$\dfrac{9}{36}=\dfrac{1}{4}$

(6) 求める個数を x 個とする。1個200円で売った個数は $\dfrac{3}{5}x$ 個，3個500円で売った個数は

$(1-\dfrac{3}{5})\times x-6=\dfrac{2}{5}x-6$(個)と表せるから，売り上げの合計について，

$200\times\dfrac{3}{5}x+500\times(\dfrac{2}{5}x-6)\times\dfrac{1}{3}+6\times100=13600$　　$120x+\dfrac{200}{3}x-1000+600=13600$

$120x+\dfrac{200}{3}x=14000$　　$360x+200x=42000$　　$560x=42000$　　$x=75$

よって，求める個数は75個である。

[2]

(1) 4点A，B，C，Dは$y=x^2$上の点だから，A$(-3，9)$，B$(-2，4)$，C$(1，1)$，D$(3，9)$である。直線ODの傾きは$\frac{9}{3}=3$より，式は$y=3x$となる。

直線BCの式を$y=mx+n$とすると，$x=-2$，$y=4$を代入して，$4=-2m+n$…(i)

$x=1$，$y=1$を代入して，$1=m+n$…(ii)

(i)−(ii)より，$3=-3m$　$m=-1$

(ii)に$m=-1$を代入して，$1=-1+n$　$n=2$

直線BCの式は$y=-x+2$より，直線BCとy軸の交点をFとすると，F$(0，2)$である。△OBFにおいて，底辺をOF$=2$とすると，高さは点Bのx座標の絶対値に等しいから，△OBF$=\frac{1}{2}\times2\times2=2$

点Eは直線ODと直線BCの交点だから，$3x=-x+2$より，$4x=2$　$x=\frac{1}{2}$

$y=3x$に$x=\frac{1}{2}$を代入して，$y=\frac{3}{2}$　　E$\left(\frac{1}{2}，\frac{3}{2}\right)$

△OEFにおいて，底辺をOF$=2$とすると，高さは点Eのx座標の絶対値に等しいから，△OEF$=\frac{1}{2}\times2\times\frac{1}{2}=\frac{1}{2}$　△OBE$=$△OBF$+$△OEFより，△OBE$=2+\frac{1}{2}=\frac{5}{2}$

(2) (1)より，直線OAの傾きは$\frac{9}{-3}=-3$である。

点Bを通り直線OAに平行な直線と，線分ADのA側の延長線上の交点をGとすると，直線BGの式は$y=-3x+b$とおける。

$y=-3x+b$に$x=-2$，$y=4$を代入して，$4=-3\times(-2)+b$　$4=6+b$　$b=-2$より，直線BGの式は$y=-3x-2$である。

点Gは直線$y=-3x-2$と直線$y=9$の交点だから，$9=-3x-2$　$x=-\frac{11}{3}$より，点Gの座標は$\left(-\frac{11}{3}，9\right)$である。

OA∥BGより，△OAB$=$△OAGとなるから，四角形ABODの面積は△ODGの面積に等しい。よって，求める直線は，線分DGの中点を通ればよい。

線分DGの中点のx座標は$\{3+(-\frac{11}{3})\}\div2=-\frac{1}{3}$より，求める直線の傾きは$9\div(-\frac{1}{3})=-27$だから，式は$y=-27x$となる。

[3]

(1) 線分AP，BQを結ぶと，ABが直径だから，∠APB$=$∠AQB$=90°$

$\overset{\frown}{BP}=\overset{\frown}{PQ}$だから，円周角の定理により，∠BAP$=$∠PAQ

△ABP≡△ARP(証明略)より，∠ABP$=$∠ARP，AR$=$AB$=8$，RP$=$BP$=3$

BR$=$BP$+$RP$=6$

△ARP∽△BRQ(証明略)より，AP：BQ$=$AR：BR$=8：6=4：3$

(2) (1)より，△ARP∽△BRQだから，RP：RQ$=$AR：BR　$3：RQ=4：3$　$4RQ=3\times3$

RQ$=\frac{9}{4}$　AQ$=$AR$-$RQ$=8-\frac{9}{4}=\frac{23}{4}$

[4]

(1)　△OABはOA＝OB＝3の二等辺三角形だから，点Oから辺ABに垂線OHをひくと，点Hは辺ABの中点となる。

AH＝$2 \times \frac{1}{2}$＝1だから，△OAHにおいて，三平方の定理により，

OH＝$\sqrt{OA^2 - AH^2}$＝$\sqrt{3^2 - 1^2}$＝$\sqrt{8}$＝$2\sqrt{2}$

△OAB＝$\frac{1}{2} \times$AB$\times$OH＝$\frac{1}{2} \times 2 \times 2\sqrt{2}$＝$2\sqrt{2}$

(2)　AP＋PCの長さが最小となるのは，右の展開図の一部において，点Pが線分ACと線分OBの交点となるときであり，このとき，AC⊥OBとなる。

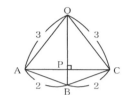

(1)より，△OABの面積が$2\sqrt{2}$だから，$\frac{1}{2} \times$OB$\times$AP＝$2\sqrt{2}$

$\frac{1}{2} \times 3 \times$AP＝$2\sqrt{2}$　　AP＝$\frac{4\sqrt{2}}{3}$

△OAP≡△OCP（証明略）より，CP＝AP＝$\frac{4\sqrt{2}}{3}$だから，

求める長さは，AP＋PC＝$2 \times \frac{4\sqrt{2}}{3}$＝$\frac{8\sqrt{2}}{3}$

英 語

平成 **30** 年度 **解答例・解説**

══════════════════ 《解答例》 ══════════════════

Ⅰ　1．eighteen ninety-five　　2．ア　　3．ウ　　4．エ　　5．イ

Ⅱ　1．ア　　2．ウ　　3．ウ　　4．ア　　5．エ

Ⅲ　1．sun　　2．ウ　　3．エ　　4．ア　　5．イ

Ⅳ　1．イ　　2．ア　　3．エ

Ⅴ　1．ア　　2．イ　　3．エ

Ⅵ　1．ア　　2．イ　　3．ウ　　4．エ

══════════════════ 《解　説》 ══════════════════

Ⅰ　2　【Ⅰ　本文の要約】参照。「イーロイとは, ア未来に住む種族である」

　　3　【Ⅰ　本文の要約】参照。質問「なぜタイム・トラベラーはタイム・マシンを探さなければなりませんか？」…第2段落7～8行目の go back to his own time「彼の時代に戻る」を make another trip「もう一度旅をする」と言い換えているウが適当。

　　4　○については【Ⅰ　本文の要約】参照。ア「タイム・トラベラーは川の中で×モーロックから少女を救う」イ「モーロックとイーロイは×共に幸せに暮らしている」　ウ×「タイム・トラベラーはタイム・マシンを失くし, モーロックがそれを見つける」　エ○「"The Time Machine"は昔の本だが, 今読んでもわくわくする」オ×「H.G.ウェルズはタイム・マシンを造った科学者で, 2017年に来た」

　　5　全体的に語られているイ「すばらしいサイエンス・フィクションの物語」が適当。アは new「新しい」が誤り, ウ「タイム・トラベルをすること」とエ「偉大な科学者」は, 主題としては不適。

【Ⅰ　本文の要約】

　世界には多くのすばらしいサイエンス・フィクションの本がありますが, 最も有名な一冊は"The Time Machine"です。これは1895年に H.G.ウェルズによって書かれました。"The Time Machine"は, ある科学者の物語です。彼は未来や過去に行くことができる機械を造ります。それはタイム・トラベル・マシンと呼ばれ, 彼はタイム・トラベラーとなり, その機械で時間旅行ができるのです。この機械を使えば80万年先の未来にも行けるのです。

　未来の地球は, （今の地球と）全然違います。そこには動物はいません。2イーロイという未来の種族がいるだけです。彼らの言語はタイム・トラベラーのものとは違いますが, 彼はイーロイが善良な人たちだということがわかるのです。彼らは平和に暮らしており, 決して争いません。彼を助けたり, 食糧をくれたりします。彼は未来への訪問を心ゆくまで楽しみます。ある日, 彼は川でおぼれている少女を助け, 彼女と友達になります。最初, 未来の地球は彼にとって楽園のようなところでしたが, 実は違いました。しばらくすると彼はタイム・マシンを失くしてしまいます。3自分の時代に戻るため, 彼はそのタイム・マシンを探し始めます。彼はそれを探している時, モーロックと呼ばれる種族を発見します。彼らは地上ではなく, 地下に住んでいます。彼らは友好的でなく, 地上のイーロイの村にやってきて彼らと争うこともあります。タイム・トラベラーはモーロックが彼のタイム・マシンを奪ったのだとわかります。彼はそれを

取り戻そうとします。

　彼はタイム・マシンを取り戻せるでしょうか？過去に戻ることは可能なのでしょうか？本を読んで答えを見つけてください。4ウこの話は 100 年以上前に書かれましたが，タイム・トラベラーの冒険を読むのは今でもわくわくします。私は，H.G.ウェルズが自分のタイム・マシンに乗り，2017 年にやって来て，どんな本が私たちにとっておもしろいのかを学んだのだと思います。

Ⅱ　1　【Ⅱ 本文の要約】参照。質問「ケンジとジョンはどのバスに乗りましたか？」

　　2　質問「名古屋駅から名古屋城までバスでどのくらいかかりますか？」…表より，Nagoya Station から Nagoya Castle までの時間を読み取る。

　　3　質問「（　A　）はどの数字ですか？」…日記の最終段落より，バス停の「名古屋城」が4番だから，3つ先の「名古屋テレビ塔」は7番になる。

　　4　質問「11 時前に何台のバスが名古屋駅を出発しますか？」…表から，名古屋発は 9：30，9：50，10：10，10：30，10：50 の5台であることを読み取る。

　　5　○については【Ⅱ 本文の要約】参照。ア「トヨタ・ミュージアムから名古屋城まで×10 分かかる」…10 分ではなく 14 分。　イ×「ジョンはバスに乗るためにチケットを2枚買わなければならなかった」…本文にない内容。ウ×「名古屋駅から名古屋城へ行くには，名古屋城から名古屋テレビ塔へ行くより時間がかかる」…表より，名古屋駅→名古屋城は 22 分，名古屋城→名古屋テレビ塔は 30 分。　エ○「ケンジとジョンは名古屋駅から名古屋テレビ塔へ行くのに2台のバスに乗った」…2人は名古屋城へ行くため，1度バスを降りた。

【Ⅱ 本文の要約】

ケンジはジョンと一緒に名古屋に出かけた日のことについて書いている。ジョンはアメリカから来た交換留学生で，3週間ケンジの家に滞在している。

> 7月 29 日(土)
>
> 　とても暑い日だった。今日僕はジョンと一緒にいくつかの観光スポットへ行った。ジョンがもう2週間もここにいるなんて信じられない！来週の日曜にジョンがアメリカに帰ってしまったら，さびしくなるだろう。
>
> 　まず，僕たちは名古屋駅で一日乗車券を買い，観光バスに乗った。バスのデザインは特別なものだった。1そのバスには屋根にしっぽがあった。それはしゃちほこ(名古屋で有名な，魚に似た海の生き物)のようだった。バスを横から見ると，しゃちほこの大きな絵も見える。それは目がひとつで大きな歯がある。
>
> 　ジョンは歴史が好きなので，5エ僕たちは最初に名古屋城に行った。ジョンは次に徳川園を見学したかったけれど，時間がなかった。お城を見学した後，3僕たちは(名古屋城の)3つ先にある停留所の名古屋テレビ塔まで行く必要があったからだ。5エ僕たちは塔の近くのレストランでおいしい昼ご飯を食べた。

Ⅲ　1　「日の当たる場所にいたため，肌の色が浅黒くなること」…同文中の pale(r)「肌の色が白い」に着目する。肌の色が浅黒くなることだから，tan(ned)は「日焼け」という意味である。したがって，□は sun が適当。

　　　・in the sun「日の当たる場所で」

　　2　キャロラインが住んでいる国は夏で，日本は冬だから，南半球にあるウ「オーストラリア」が適当。

　　3　ア，イ，ウは【Ⅲ 本文の要約】参照。エ「海の家で働く」は週末にすることである。

　　4　【Ⅲ 本文の要約】参照。質問「ビーチバレーのトーナメントで，キャロラインは何位になりたいですか？」…去年の3位より上位を目指しているから，アが適当。〈序数＋place〉で「～位」という順位を表す。

　　5　○は【Ⅲ 本文の要約】参照。ア「キャロラインとナオミが初めて会ってから，×数週間しか経っていない」…

数週間ではなく数ヶ月。 イ○「キャロラインはナオミに手作りの貝殻のネックレスをあげている」 ウ「キャロラインは海の家で泳ぎに来た人と話すのが ×好きではない」 エ「キャロラインは×お金をたくさん稼げるからおじを手伝うのが好きだ」 オ「×キャロラインは日本に来たことがあるので日本文化が好きだ」

【Ⅲ 本文の要約】日付・宛名・結びの言葉・差出人は省略します。

アメリカであなたと最後に会ってから，とても長い時間が過ぎたように感じます。たった数ヶ月なのですよね。異文化交流プログラムでは，とても楽しい時間を過ごしました。あなたはどうしていますか？私は今，家族と昔からの友だちと一緒に休日を過ごしています。2この夏は以前よりも暑くなっているそうです。東京の天気はどうですか？凍えるほど寒いのではないでしょうか！

私はほとんど毎日外で過ごしています。私の方があなたよりも色白だと，あなたは言っていたけれど，私は日に焼けているから，もうあなたよりも色白だとは言われないでしょう。今あなたが私を見たら，前より健康的に見えると思うでしょうね。

夏は私の大好きな季節です。ビーチですることがたくさんあるからです。3平日は毎日，友達とビーチバレーをします。私と，私のペアは，来週のビーチバレーのトーナメントに向けて練習しています。4去年私たちは３位だったので，今年はそれよりいい成績を取りたいと思っています。3私は，水泳，サーフィン，貝殻集めも楽しんでやっています。ビーチにはさまざまな種類の美しい貝殻がたくさんあります。5ィ先週はそれでネックレスを２つ作りました。そのひとつをこの手紙に入れてあなたに送ります。気に入ってもらえるとうれしいです。

週末はおじを手伝っています。おじは海の家を経営していて，泳ぎに来る人たちに食事を販売しています。最初，私はお客さんと話す時，緊張しました。でも今では国内の色々なところから来る人たちと会うことを楽しんでいます。私はお給料をもらっていませんが，この仕事が大好きです。

私の休みもあと数週間しかありません。そしてその後は大学に戻らなければいけません。しばらくは忙しいでしょうが，日本文化が大好きだから，近い将来あなたのいる国に行きたいと思います。あなたからのお便りを楽しみにしています。

Ⅳ 1 【Ⅳ 本文の要約】参照。イ「修学旅行」が適当。ア「生徒会」 ウ「夏休み」 エ「避難訓練」

2 【Ⅳ 本文の要約】参照。ア「救急車を呼ぶ」が適当。イ「彼の演技に感動する」 ウ「私はすぐに体調がよくなる」 エ「彼に腹を立てる」

3 ア「日本は面積が×最小だが，人口は×最大である」 イ「面積が最大の国はカナダだが，そこの人口は×最小である」 ウ「ブラジルに住む人は最も多く，その面積は ×カナダの面積より大きい」 エ○「オーストラリアは５か国の中で３番目に面積が大きい」

【Ⅳ 本文の要約】

1 愛知県の中学生は東京都や大阪府などの別の都道府県を訪れます。彼らは日本文化を学ぶために，一緒に行くときもあれば，小さなグループに分かれて行くときもあります。生徒たちは３年間で１度だけ，この種の行事を行います。この行事は何と呼ばれていますか？

2 あなたは町を歩いています。あなたは通りで座りこんでいる男性を見かけますが，彼は体調がとても悪そうです。そこには他にだれもいません。このような緊急事態(emergency)に，あなたは何をしますか？

Ⅴ 1 上の文は「私は栄行きの電車に乗り，名古屋行きの別の電車に乗った」という意味だから，下の文は「私は名古屋に着くため，栄で電車を乗り換えた」とすればよい。「(電車を)乗り換える」は change trains と表現する。また，「〜に着く」は〈get to 〜〉，〈arrive at 〜〉，〈reach 〜〉で表す。

2　How old is＋○○? 「○○ができてからどのくらい?」は When was＋○○＋built? 「○○はいつできましたか?」 に書きかえられる。ここでは know の後だから，〈疑問詞＋主語＋動詞〉の語順にする。

3　上の文は「マホは何枚か写真を撮った。それらはとてもすてきだ」という意味だから，下の文は「マホによって 撮られた写真はとてもすてきだ」とすればよい。①は，写真が過去に撮られたものであり，直後に by Maho「マホ によって」があるから，過去分詞の taken が適当。②は，主語 The pictures が複数で現在のことだから，are が適当。

Ⅵ　1　The girl dancing over there is Nanako. :「あそこで踊っている女の子」は〈～ing＋語句〉で後ろから名詞(ここで は girls)を修飾して表す。「あそこで」＝over there

2　I wanted the craftsperson to create something new. :「(人)に～してほしいと思う」は〈want＋人＋to＋動詞の原 形〉で表す。something のように語尾が-thing の語を形容詞で修飾するときは，〈-thing＋形容詞〉の語順にする。

3　The book which you gave me yesterday made me happy. :「昨日君がくれた本は私をうれしくしました」という文 にする。「昨日君がくれた本」は〈which you gave me〉で後ろから名詞(ここでは book)を修飾して表す。「(人) を(状態)にする」＝make＋人＋状態

4　They kept thinking about the best way to live with animals. : 日本語では「考えていました」とあるが，(　　)内 の語句から，kept thinking「考え続けました」にする。「～する方法」は〈way to＋動詞の原形〉で，「～を考える」 は〈think about ～〉で表す。

━━━━━━━━━━━━━━━━━━━━━━ 《解答例》 ━━━━━━━━━━━━━━━━━━━━━━

Ⅰ　1．エ　　2．イ　　3．ア　　4．families　　5．ウ

Ⅱ　1．ウ　　2．A．オ　B．ア　　3．エ

Ⅲ　1．エ　　2．①ア　②ウ　③イ　　3．エ

Ⅳ　1．ウ　　2．エ　　3．ウ

Ⅴ　1．イ　　2．ア　　3．イ

Ⅵ　1．ア　　2．エ　　3．イ

Ⅶ　①I call her Kate　　②How many languages <u>can</u> she speak （下線部は <u>does</u> でも可）

━━━━━━━━━━━━━━━━━━━━━━ 《解　説》 ━━━━━━━━━━━━━━━━━━━━━━

Ⅰ　1　第1段落の要旨である1文目と一致するエが適当。なお，アは「しなければならない」が，ウは「大切だということ」が誤り。イは本文にない内容である。

　　2　【Ⅰ　本文の要約】参照。（　A　）の次の文の主語が She だから，女性を表すものが入る。また，前に But があるから，その1行上にある the woman's mother ではないから，イが適当。

　　3　【Ⅰ　本文の要約】参照。パンが暗示するものだから，食べ物に関するものが適当。・will never be ～「決して～にならない」

　　4　【Ⅰ　本文の要約】参照。同段落の1行目より，家族同士のつながりの強さが読み取れる。複数形にすること。

　　5　ウについては【Ⅰ　本文の要約】参照。

【Ⅰ　本文の要約】

　贈り物のやりとりは世界中の結婚式で伝統的なものである。親と結婚式に来る人々はふつう男性と女性に新居で役に立たせてほしいと贈り物を渡す。多くの国々では，男性と女性が愛を示すために，お互いに指輪を渡すのが伝統的である。贈り物に関してそれ以外の伝統を持つ国もある。

　多くの国々で，コインは結婚式において重要なものである。メキシコでは，男性が女性に 13 枚のコインを渡すことが伝統的である。そのコインは男性が新しい妻に食べ物や服を買うのに十分なお金を渡すことを意味する。女性がそのコインを受け取れば，彼女は夫の世話をするという意味になる。

　中国でも，男性がお金を渡す。それは赤い紙または赤い封筒の中に入れられる。しかし，男性は女性にお金を渡すのではない。男性は感謝を示すために，女性の友人にそれを渡すのだ。

　スーダンでは，男性が女性の母親からプレゼントを受け取る。女性の母親は男性を家族に迎えるために，花の付いた贈り物を作る。しかしベトナムでは，<u>A 男性の母親</u>がプレゼントを渡す。彼女は女性の両親に植物を渡す。植物は尊敬を示すものなのだ。5ウ彼女は何かピンク色のものも渡す。ピンクは幸せの色なのだ。

　多くの国々で，両親は子どもに結婚式の贈り物を渡す。ポーランドでは，両親は結婚式でパンと塩を渡す。パンは，彼らが決して <u>B 飢える</u>ことがないようにという願いを示すものである。塩は，共に過ごす新生活はいつも容易いものではないことを示すものである。

　南アフリカでは，男性の家族が女性の家族に贈り物を渡す。牛を渡すのが伝統的だが，最近ではその代わりにお金を渡すことが多い。その贈り物は，彼らの新生活が男性と女性だけではなく，2つの <u>C 家族間</u>のものであるということを示すものである。

Ⅱ　1　【Ⅱ 本文の要約】参照。質問「それは元々いくらでしたか？」…②は半額で 160 ドルだから，元々の値段は 160×2＝320（ドル）である。

　　2　【Ⅱ 本文の要約】参照。Aは黒いコートを見ての感想だから，動詞が looks のオが適当。・look＋形容詞「～に見える／～そうだ」

　　3　○については【Ⅱ 本文の要約】参照。ア「デイビスはMサイズの ×シャツを買いたい」　イ「デイビスは家に ×長いコートを持っている」　ウ「×茶色いコートはデイビスにとって高すぎた」　エ○「デイビスは黒いコートを買うだろう」

【Ⅱ 本文の要約】

店員　　：何かご用ですか？

デイビス：はい，冬に備えて新しいコートを探しています。私の古いコートは今や小さすぎるんです。

店員　　：そうですか。どのサイズがいいですか？

デイビス：うーん，はっきりしませんが，私はMサイズだと思います。

店員　　：長いコートと短いコートのどちらがいいですか？

デイビス：あ，長いコートが欲しいです。短いコートはすでに持っています。

店員　　：この黒いコートはいかがですか？

デイビス：Aオ良さそうですね。　いくらですか？

店員　　：今は割引されています。たった 250 ドルです。1①前は 400 ドルだったんですよ。

デイビス：おお！少し高いですね。もう少し安いものはありませんか？

店員　　：ええ，もちろんあります。ちょっと待ってください。Bアはい，どうぞ。　1②この茶色のコートは半額です。たった 160 ドルですよ。

デイビス：試着してもいいですか？

店員　　：ええ，もちろんです。試着室はあちら，窓のそばにある女性用コート売り場の裏です。

店員　　：いかがですか？

デイビス：いい感じです。違う色はありますか？

店員　　：はい，黒があります。どうぞ。

デイビス：3エこれ（＝160 ドルの黒いコート）がいいです。これにしようと思います。

Ⅲ　1　【Ⅲ 本文の要約】参照。「ブロンウィンの目標は地域社会と エ世界 のために何か良いことをすることである」

　　2　○については【Ⅲ 本文の要約】参照。①　ア○「16 歳の子どもが地域社会の役に立つと信じない人々がいた」　イ「ブロンウィンを笑う人がいたので，×彼女は地域社会の役に立とうとしなかった」　ウ「ブロンウィンの ×友達 が 1996 年に The Friendship Page を発足させた」　エ×「ブロンウィンはインターネットが人々を友好的にしないと信じている」　　②　ア「The Friendship Page の仕事はとても大変なので，ボランティアは自分たちの仕事を ×楽しまない」　イ「The Friendship Page は興味深いページがたくさんあるから ×使いにくい」　ウ○「The Friendship Page では人々が友好に関するアドバイスをくれる」　エ「The Friendship Page では，×誕生日カードを送ることはできないが，作ることはできる」　　③　ア×「8 歳から 12 歳の人々は The Friendship Page を使わない」　イ「毎年 400 万人以上の女性が The Friendship Page を訪れる」…800 万×0.55＝440 万（人）だから○　ウ×「22000 人以上が The Friendship Page で人気がある」　エ「毎日 ×800 万人 が The Friendship Page を訪れる」

3 【Ⅲ 本文の要約】参照。最終段落には The Friendship Page の安全性が書かれている。

【Ⅲ 本文の要約】

ブロンウィンは 16 歳の時，彼女の地域社会の役に立ちたいと思った。2①ア<u>人々は彼女を笑った。彼らは「君は幼すぎるよ！」</u>と言ったが，彼女は聞く耳を持たなかった。彼女はだれにとっても友好が大事だと考えていたので，1996 年，The Friendship Page を発足させた。

1<u>The Friendship Page には 2 つの目標があった。1 つはインターネットをより親しみやすくすること，もう 1 つは世界に更なる平和をもたらすことだった。</u>The Friendship Page は本当に『友好を通した平和』についてのものだった。現在，25 人のボランティアがブロンウィンの The Friendship Page を手伝っている。彼らの仕事はとても大変だが，彼らは楽しんでいる。彼らは自分たちの仕事がとても重要だと思っているのだ。

The Friendship Page は親しみやすく，無料で，楽しく，そして使いやすい。例えば，チャットルームでは新しい友達や古い友達と会うことができる。2②ウ<u>友好についてアドバイスをもらうことができる。</u>歌や詩，メッセージなどがある興味深いページもある。また，このウェブサイトでは，あいさつカードや誕生日カードを作ることもできるし，それを友達に送ることもできる。

The Friendship Page はとても人気がある。毎日 200 か国の 22000 人が訪れる。2③イ<u>その数は 1 年で 800 万人に上る。</u>7 歳から 90 歳までの人々が The Friendship Page を訪れる。ほとんどが 13 歳から 34 歳だ。若者たちと年寄りたちが友達になることができる。彼らはお互いを助け，多くのことを学ぶ。2③イ<u>55％が女性で，45％が男性である。</u>

The Friendship Page はとても 3エ 安全 だ。ボランティアが注意深くそのウェブサイトを監視している。The Friendship Page では，本名を使わない。個人のメールアドレスや電話番号，個人の写真もない。また，The Friendship Page から情報を削除すれば，二度とそれを見ることができない。情報がインターネット上に残らないのだ。

Ⅳ 1 両方とも「英語を学ぶことは私にとって重要だ」という意味。上の文では「～すること」を to 不定詞〈to＋動詞の原形〉で表し，下の文では動名詞(動詞の ing 形)で表している。

2 上の文は「この歌はこの前の日曜日に，マサオによって彼の友人のために<u>歌われた</u>」という意味だから，①には sing「歌う」の過去分詞 sung が入る。〈be 動詞＋過去分詞〉の受動態。下の文は「マサオはこの前の日曜日に，友人のためにこの歌を歌った」という意味だから，sing の過去形 sang が入る。

3 窓を開けることを依頼する文。Please ～.「～してください」は Can you ～?「～してもらえますか?」と同じことを表す。

Ⅴ 1 感謝に対する返事のイ「どういたしまして」が適当。ア「よくやった」ウ「もちろん」エ「それは残念だ」

2 Aの質問「テストは良かった?」に対して，Bは「いいや，悪かったよ。泣きたいよ」と言ったから，ア「元気出して」が適当。イ「おめでとう」ウ「そうじゃないんだ」エ「全然」

3 Aが最後に「2 週間ごとに(＝2 週間に 1 回)練習するよ」と言ったから，頻度を尋ねるイ「君はどのくらいの頻度でプレーするの?」が適当。アは練習している期間を尋ねる文，ウはプレーするスポーツの数を尋ねる文，エは今週プレーしようと誘う文である。

Ⅵ 1 Sakura gave me this beautiful picture on my birthday. :「(人)に(もの)をくれる」＝give＋人＋もの，「～の誕生日に」＝on one's birthday

2 It is easy for her to use a computer. :「(人)にとって～することは…だ」＝It is…for＋人＋to ～

3　I know when the next train will come. : 「次の電車がいつ来るか」は間接疑問文で表すから，know の後を〈疑問詞＋主語＋（助動詞）＋動詞〉の語順にする。

Ⅶ　1　「呼んでいる」とあるが，これは習慣を表す文だから現在進行形ではなく，現在形で表す。「（人）を（名前）と呼ぶ」＝call＋人＋名前

　　2　話せる言語の数を尋ねる文だから，〈How many＋ ＿＿ ~?〉を使う。How many＋ ＿＿ の後は疑問文の語順（can she speak または does she speak）にすることに注意しよう。

平成 28 年度 解答例・解説

=== 《解答例》 ===

I　1．A．エ　B．ウ　　2．エ　　3．ア　　4．ア

II　1．①エ　②ウ　　2．changed　　3．ア

III　1．イ　　2．ア　　3．ウ　　4．①ウ　②エ

IV　1．ウ　　2．イ　　3．イ　　4．エ　　5．イ

V　1．イ　　2．ア　　3．エ　　4．イ　　5．ウ　　6．ウ

=== 《解　説》 ===

I　1A　直後の The station is...より，アかエのどちらかに絞る。七海の家から佳織の3回目の発言の逆にたどるとあるのはエである。　　B　七海の家に行く途中に郵便局と花屋があるウが適当。

2　直後の We can buy something...より，エが適当。・before＋主語＋動詞「～する前に」

3　泰則は6回目の発言で，南駅なら9時30分に集合しようと提案したが，直後に佳織が，その15分前に集合しようと言った。　　4　【I 本文の要約】参照。

【I 本文の要約】

泰則：明日は七海の誕生日だよね？

佳織：そうよ。パーティーが楽しみだわ。

泰則：僕もだよ。明日，一緒に七海の家へ行こう。

佳織：いいわ。どこに集合しましょうか？

泰則：うーん…A 北駅はどう？その駅は七海の家に近いよ。

佳織：そうね。駅を出てから直進して，最初の信号を左折。そして次の信号まで直進して右折すれば，右側に彼女の家があるわよ。何時に集合しましょうか？

泰則：午前10時はどう？

佳織：わかった。午前10時に集合しましょう。あ！彼女に誕生日プレゼントを買うのを忘れていたわ。

泰則：心配しないで。彼女に会う前に何かを買うことができるよ。

佳織：ありがとう，泰則。でも彼女は花が好きだから，私は彼女に花を買うつもりなの。B 南駅に集合するのはどう？そうすれば，彼女の家に行く途中に誕生日カードを買うこともできるわ。

泰則：それはいい考えだね。集合時間の変更が必要だね。9時30分はどう？

佳織：いいわね，でも駅から七海の家まで歩くのに北駅よりもっと時間がかかるから，15分早くしない？

泰則：いいね。

佳織：ところで，地図におもしろいものが見えるかしら？

泰則：いや，見えないよ。何？

佳織：4 どちらの駅からも直進すると左側に高校，右側に公園が見えるわ。もう少し歩くと，右側に警察署 4⑤は公園，①は警察署。 があるわ。

泰則：ああ，そうだね。それはおもしろい。見て！4 中央動物園の近くに図書館があるよ。僕は読書が好きだから，いつかそこへ行かない？

(26)

佳織　：いいわね。₄角のレストランはハンバーガーで有名だから，そこで昼食を食べましょう。それから₄
　　　　<u>レストランの隣のアイスクリームショップ</u>に行きましょう。　₄③はアイスクリームショップ。残った④が図書館。
　　　　₄②はレストラン。

泰則　：おもしろそうだね！

佳織　：じゃあ，またね，泰則。

泰則　：じゃあね，佳織

Ⅱ　1　【Ⅱ　本文の要約】参照。　①　質問「なぜ筆者は，英語は日本の公用語になるべきだと考えています
　　　か？」　　②　質問「『ジャパングリッシュ』とは何ですか？」…日本語のアクセントで話す英語のこと。

　　2　「英語の先生に尋ねられた質問への筆者の答えは，ロシアの女の子と話した後に 変わってしまった」…
　　　直前に has があるから，過去分詞にして，〈have/has＋過去分詞〉の現在完了"完了"にする。

　　3　○は【Ⅱ　本文の要約】参照。ア○「英語を日本の公用語にしたら，仕事と教育に役立つだろう」
　　　イ×「現在，インターネット上の情報のほとんどは英語と<u>フランス語</u>で書かれている」　　ウ「ロシアの女の
　　　子は×<u>アメリカ人のように英語を話したいと思っている</u>」　　エ「世界には×<u>それほど多くの種類の英語がない</u>」
　　　オ「×<u>完璧な英語を話すこと</u>が，英語を話すときに最も重要である」

【Ⅱ　本文の要約】

　「私は英語を日本の公用語にしたいと思っています」それは私の英語の先生に尋ねられた質問，「あなたは日
本の首相になったら，何をしますか？」に対する答えでした。

　一つめの理由は，英語を話すことができれば，私達は外国から来た人とコミュニケーションがとれるからです。
₃ア<u>それは私達の仕事や教育のシステムにとても役立つでしょう。</u>また，インターネット上の最新情報のほとんど
は英語で書かれています。英語で書かれた新しい情報を読むことができたら，₁①<u>私達は世界中の他の国に住む
人々といい関係を保つことができます。</u>

　しかしながら，あることが私の考えを変えました。去年の夏，私は英語を勉強するために，アメリカへ行きま
した。そして滞在中，ロシアから来た女の子に会いました。ある日彼女は私に尋ねました。「あなたはアメリカ人
のように英語を話したいのですか？」「はい」私はすぐに答えました。私は頭の中で考えていました。「私が今学
校で使っている英語の教科書はすべてアメリカ英語で書かれている」そして「アメリカ人の英語は日本語なまり
の英語よりも上手に，そしてかっこよく聞こえる」と。しかし，そのロシアの女の子の答えはこうでした。「私
はアメリカ人のように英語を話したいとは思いません。たとえ英語を話していても，私はロシア人です。私はロ
シア人としてのアイデンティティを保つためにロシア語のアクセントを残したいのです」最初，私はその質問に
対する彼女の気持ちが理解できませんでした。しかし，もっとそのことについて考えた時，私は自分のアクセン
トは自分のアイデンティティの一部なのだということを理解しました。もう一度，英語を日本の公用語にするこ
とについて考えた時，新しい考えが浮かんだのでした。

　₁②<u>日本人は日本語のアクセントで英語を話します。</u>なぜなら私達は日本人のアイデンティティを捨てられない
からです。これは問題ではなく，自然なことです。英語はたった『ひとつ』しかないわけではありません。『世
界での英語』はたくさんあります。例えば，チングリッシュとは中国語のアクセントで話す英語のことで，マン
グリッシュとはマレーシア語のアクセントで話す英語のことで，シングリッシュとはシンガポール語のアクセン
トで話す英語のことです。英語を話す時，他人によいメッセージを伝えることは，アメリカ人のように英語を話
すことよりも大切です。

　「あなたは日本の首相になったら，何をしますか？」「日本人は公用語としての英語を学ばなければいけませ

んが，英語を話す時，私達は日本人のアイデンティティを忘れてはいけません。私達は私達自身の英語で，外国の人々とコミュニケーションをとるべきです。ジャパングリッシュで十分よいのです！」これが私の新しい答えです。

Ⅲ　1　あてはまるものは【Ⅲ 本文の要約】参照。

　　2　サリーのルームメイトのことを，恵理は another student from your country と表現し，サリーは American roommate と表現しているから，アが適当。

　　3　質問「サリーはどのくらい日本に滞在しますか？」…恵理の家に11か月滞在し，その後，家族と1か月間日本中を旅行するから，ウが適当。

　　4　○は【Ⅲ本文の要約】参照。　①　ア「恵理は今年の夏に，×彼女の家族と美しい場所をたくさん訪れた」　イ「恵理の両親は×恵理とサリーが部屋を一緒に使えると言った」　ウ○「サリーのルームメイトはサリーと同じくらい上手に日本語を話せる」　エ「サリーはもう1人のルームメイトと部屋を一緒に使わなければならないので，×うれしくない」　②　ア「サリーの家族は×冬休みに日本に来たいと思っている」　イ「サリーは×ルームメイトと日本中を旅したいと思っている」　ウ「サリーは×母国で話されていないから，スペイン語を勉強したことがない」　エ○「サリーは日本でどの学校に行くかもう決めた」

【Ⅲ 本文の要約】

サリーへ

今年の夏，私を家族に迎え入れてくれてありがとう。私はとてもすばらしい時間を過ごしたわ。家族のみなさんと美しい場所をたくさん訪れたわね。あなたは来年，日本語の勉強のために，私の町にホームステイするつもりだと言っていたわね。私の両親は，あなたが部屋の1つに滞在してもかまわないと言っているわ。家族みんなであなたを歓迎するわよ。1ア,ウいつ日本に来て，どれくらい滞在するか，わかる？

1エあなたの国出身の別の生徒と部屋を一緒に使うことになっても大丈夫？留学の代理店がそのような依頼とその人の情報を送ってきたわ。その人はお母さんがメキシコ出身だから，英語とスペイン語の両方がとても上手だそうよ。4①ウその人の日本語はあなたと同じくらい上手なの。あなた達に1つずつ，ベッドと机を用意できるわ。でもそれが嫌なら，その人には別のホストファミリーを探してあげるよう，代理店に頼むことができるわ。

返事をよろしくね，そしてあなたの予定を教えてね。あなたが日本に来ることになって，私はとてもうれしいわ！

恵理より

＝＝＝＝＝＝＝＝＝＝＝＝＝＝＝＝＝＝

恵理へ

Eメールをありがとう。私も日本に行くことを楽しみにしているわ。別のアメリカ人のルームメイトと部屋を一緒に使うなんて，すばらしいことだわ。私は8月に日本に行って，11か月滞在したいと思っているの。そして，家族が夏休みに日本を訪れたいから，私はその後の1か月間，家族と日本中を旅行するわ。私は，最初もうあと1年間滞在したかったんだけれど，両親が許してくれなかったの。ルームメイトは私にスペイン語を教えてくれるかしら？私はずっとスペイン語を習いたいと思っていたの。私の国の南部ではスペイン語を話す人が多くいるわ。それに，苦労をともにできる友達がいてうれしいわ。

4②エ私はもう日本の学校を選んだわ。次回，学校の名前と住所を送るわね。もうすぐあなたに会えるのを楽しみにしているわ。ありがとう！

サリーより

(28)

Ⅳ　1　I don't <u>know</u> why <u>Tom</u> was late for school. : 文中に疑問詞の入る文だから，know の後を〈疑問詞＋主語＋動詞〉の語順にする。「～に遅刻する」＝be late for ～

2　That camera is <u>too</u> expensive <u>for</u> him to buy. : 「○○は…すぎて（人）には～できない」＝○○＋is…for＋人＋to ～

3　How <u>about</u> taking <u>your brother</u> to the swimming pool? : 「～したらどう？」＝How about ~ing?，「（人）を（場所）へ連れて行く」＝take＋人＋to＋場所

4　Italian, French and <u>German</u> are <u>used</u> in Switzerland. : 「使われている」は受動態〈be 動詞＋過去分詞〉で表す。

5　In the State of California, you cannot <u>get</u> a driver's license <u>until</u> you're 16 years old. : 「～するまで（ずっと）」＝until＋主語＋動詞

Ⅴ　1　肯定文で，数えられない名詞 water を修飾するから，イが適当。・some more ～「～をもう少し」

2　直後に続く is going to...が a baseball player を修飾するから，人に対して使う関係代名詞のアが適当。〈関係代名詞＋動詞〉で後ろから名詞を修飾し，ここでは「これからアメリカでプレーする野球選手」という意味になる。

3　「手遅れになる」という表現のエが適切。この it は時を表す仮主語。

4　（　　）by my father が the girl を修飾するから，イが適当。〈~ing＋語句〉で後ろから名詞を修飾し，ここでは「私の父のそばにいる少女」という意味になる。

5　直前に Would you like to ~?「～したいですか？」があるから，ウ「ぜひそうしたいです」が適当。

6　直後のBの答えが Every ten minutes.「10 分ごとです」だから，頻度を尋ねるウが適当。

===================================《解答例》===================================

Ⅰ　1．エ　　2．ウ　　3．エ　　4．ウ　　5．①ウ　②イ

Ⅱ　1．Allentown　　2．ウ　　3．イ　　4．イ　　5．September　　6．ア，エ

Ⅲ　1．ア　　2．ウ　　3．ア　　4．①イ　②ウ

Ⅳ　1．ア　　2．イ　　3．エ　　4．ウ　　5．ウ

Ⅴ　1．ウ　　2．イ　　3．ウ　　4．イ　　5．ア

Ⅵ　1．ウ　　2．ア　　3．イ　　4．エ

Ⅶ　①habitat　　②because　　③global

===================================《解　説》===================================

Ⅰ　1　直後の文より mammal は「哺乳類（はにゅう）」を意味することがわかるから，エが適切。

　　2　【本文の要約】参照。・light「軽い」・heavy「重い」

　　3　【本文の要約】参照。質問「カバはどうやって水中に長く留まることができますか？」

　　4　【本文の要約】参照。質問「カバは川の中をどうやって移動しますか」

　　5　【本文の要約】参照。　①　ウ「カバは他の動物を食べないが，草を食べる」　　②　イ「カバは動き
が遅いと，人は考える」

【本文の要約】

　カバはアフリカの熱帯地域の湖や川の周りに生息する。カバはギリシャ語で『川の馬』を意味する。hippo
とも呼ばれる。カバは哺乳類である。これは，赤ちゃんが卵からではなく母親の体から生まれ，母親の体から
出る乳を飲むことを意味する。

　2カバは大きな動物である。体高(背)は 1.5m，体長は 4 m，体重は 4000kg である。短い尻尾，小さな目，
大きな口と鋭い歯を持つ。5①カバの胃は長さが 7 mあり，肉は食べず草だけを食べる。カバは哺乳類だが，
長い時間を水中で過ごす。

　昼の間，カバは川や湖のそばで眠っている。時々目を覚ます。耳と目は頭のてっぺんに付いているので，体
のほとんどが水中にあっても見たり聞いたりすることができる。そして体を冷やしたり草を食べたりするため
に水の中に入る。3カバは鼻を閉じて 10 分間水中に留まることができる。カバは泳ぐことができない。4川の
中で動き回るために，川底を脚で蹴る。

　夜になると，カバは水から陸に上がり，主食である短い草を探して歩き回る。水から遠くへ行くことはまず
ない。5②カバは動きの速い動物でないと人は考えるが，1時間に 48 km走ることができる。カバは一晩で 40kg
の草を食べる。その後，川や湖に戻る。

　カバの赤ちゃんは雨季に生まれる。とても大きな動物だが，妊娠期間はたった 8 か月である。それは人間の
妊娠期間より短いが，カバの赤ちゃんは人間の赤ちゃんの 10 倍大きい。

Ⅱ　1　キャシーからの手紙本文の最終段落から抜き出す。

　　2　ヘレンからの手紙の第1段落2〜3行目より，ウが適当。

　　3　イ「水晶でできた温室」は本文にない。

　　4　質問「キャシーはいつ名古屋を訪れましたか？」…手紙の日付が 2014 年であり，キャシーからの手紙本

文第1段落1行目に my stay in Nagoya <u>two years ago</u> とあるからイが適当。

5　質問「ヘレンはいつアメリカに帰りますか？」…手紙の日付が8月でキャシーからの手紙本文の最終段落に you are going to come back to Allentown next month とあるから，September「9月」が適当。

6　【本文の要約】参照。ア「ヘレンの電車はインターネットに書いてあった時間よりも早く東山駅に着いた」　エ「キャシーは車から東山スカイタワーを見た」

【本文の要約】

親愛なるキャシーへ　　　　　　　　　　　　　　　　　　　　　　　　　　　　2014年8月1日

　私はマナミと日本でとても楽しい時を過ごしているわ。前の日曜日，私はおもしろいことをたくさん経験したの。まず，私たちは地下鉄に乗ったの。私の故郷には地下鉄がないから，電車の窓から黒い壁が見えるのは少し奇妙だったわ。私達は新瑞駅から今池駅まで地下鉄に乗って，東山駅に行くため電車を乗り換えたわ。_{6ア}<u>新瑞駅から東山駅までは約19分かかったの。インターネットの情報よりも短かったわ。</u>

　東山は名古屋の歓楽街よ。東山動植物園と呼ばれる有名な公園があるの。普通は東山公園と呼ばれるわ。土曜日や日曜日には，多くの家族連れと若者達がそこを訪れるの。週末はいつも混雑すると，マナミは言っていたわ。動物園では象やライオンやシマウマ，それからコアラまで見ることができるのよ。東山動物園は日本で初めてコアラを得た動物園だと言っていたわ。その後私達は植物園に行ったわ。何種類もの木や花を見たわ。かつてアジアで最も美しい水晶御殿と言われた温室を見られるわ。それは水晶のように見えるの。セコイアの木も見られるわよ。それはセメントで作られているけれど，本物の木のように見えるわ，東山公園の近くでもう1つおもしろいものを見たわ。それはとても高い塔で，巨大な鉛筆のように見えたの。それは東山スカイタワーと呼ばれているわ。その頂上に登って，そこからの景色を見たかったけれど，すでに閉まっていたの。マナミはいつか私をそこに連れて行くと言っていたわ。

　じゃあね。早く返事をちょうだいね。　　　　　　　　　　　　　　　　　　　　　　　　ヘレン

こんにちは，ヘレン　　　　　　　　　　　　　　　　　　　　　　　　　　　　2014年8月10日

　あなたが楽しんでいて私は嬉しいわ。私も2年前に名古屋に滞在したことを思い出したわ。私も地下鉄に関しては同じことを思ったわ。私は東山公園は訪れなかったけれど，_{6エ}<u>私のホストファミリーが車で私を案内してくれた時に東山スカイタワーを見たわ。</u>その時，栄にある有名なテレビ塔に登ったの。私は名古屋の人でも登る人は少ないと言われたわ。

　あなたはもう名古屋城を訪れたかしら？それは私が見た中で最も美しい城の一つよ。それから私は名古屋城のそばの大きな公園を歩いたわ。それは名城公園と呼ばれ，名古屋城と同じくらい大きいわ。園内にはたくさんの木があり，多くの人がそこを歩いたり，走ったり，自転車に乗ったりしていたわ。

　あなたは来月，Allentown に戻ると言ったわね。私はそれまで待てないわ。身体に気をつけてね。

　　　　　　　　　　　　　　　　　　　　　　　　　　　　　　　　　　　　　　　キャシー

Ⅲ　1　メアリーがホストファザーに買ってもらって着た物を指すから，アが適当。

　　2　下線部②に続いて菜乃葉が話した内容が，直前にメアリーが話した内容と一致するから，ウが適当。

　　3　【本文の要約】参照。

　　4①　イは菜乃葉の3回目の発言と一致しない。　②　ウの「静かに」が菜乃葉の9回目の発言の light a lot of firecrackers と一致しない。

【本文の要約】

菜乃葉　：日本の夏はどうだったかしら？

メアリー：まあまあだったわ。

菜乃葉　：何をしたの？

メアリー：私は浴衣を着て，滞在している家の近くの公園で盆踊りを踊ったわ。公園の真ん中にある塔の周りを多くの人々と一緒に踊ったわ。

菜乃葉　：いいわね。私は子どものころから２回それを踊ったことがあるわ。でも浴衣を着たことは一度もないの。

メアリー：本当？私のホストファザーが私に１着買ってくれて，私は友達にそれを見せたわ。それを着て嬉しかったわ。ところで公園には露店がたくさんあったわ。

菜乃葉　：私達はそれを出店と呼ぶわ。あなたは何を食べたの？

メアリー：綿あめを食べたわ。気に入ったわ。他のこともして楽しんだわ。例えば，射的や金魚すくい，輪投げをしたわ。

菜乃葉　：何が気に入ったかしら？

メアリー：金魚すくいよ。紙を破らないように気をつける必要があったわ。私は 20 匹の金魚をすくったの。私はとてもわくわくしたわ！でもホストマザーは少し困惑していたの。「大きな水槽を買わないといけない」と言っていたわ。

菜乃葉　：わかるわ。私は一度母に怒られたことがあるの。私は２年前に 12 匹の金魚をすくって，去年はさらに 10 匹すくったから，母は③もっと大きな水槽を買わなければならなくなったの。母は「この水槽は金魚を全部飼うには④小さすぎるわ。どうしましょう？」と言ったわ。でも金魚はみんなこの冬死んだの。

メアリー：それは残念ね。ところであなたの夏はどうだったの？

菜乃葉　：とてもよかったわ。

メアリー：何をしたの？

菜乃葉　：私は長崎へ行って，初めて精霊流しを見たわ。

メアリー：それは何？

菜乃葉　：それは長崎で８月 15 日に行われる伝統的なお盆の行事よ。亡くなった人の家族がその人の魂を船で運んで海へ送るの。その船は精霊船と呼ばれるわ。船の周りにあるたくさんの爆竹に火をつけ，進路を清めるのよ。

メアリー：そうなのね。それは仏教の儀式なのよね？

菜乃葉　：ええ，そうよ。子ども達はいつも花火で遊んで楽しんでいるわ。道沿いにも露店がたくさんあるの。そこで好きな食べ物を買うことができたわ。

メアリー：おもしろそうね。いつか見てみたいわ。

Ⅳ　１　カンマ以降の文が「右や左から来る車に気をつけなさい」という意味だから，「広い通りを歩いて渡る」となるようにアが適当。・walk across ～「～を歩いて渡る」

２　２文目が「彼は自分の店でケーキやお菓子を作って売ります」という意味だから，イ「菓子職人」が適当。アは「大工」，ウは「通訳」，エは「薬剤師」という意味だから，消去法で考えてもよい。

３　カンマの前までの文が「友達がこれからテストを受けるとき」という意味だから，友達にかける言葉は

エ「がんばって」が適当。

4　November「11月」は1年の11番目の月。

5　カンマの前までの文が「髪が格好よく見えないなら」という意味だから、「まず、くしでとかすべきだ」となるようにウが適当。アは「選ぶ」、イは「意味する」、エは「乗る」という意味だから、消去法で考えてもよい。

Ⅴ　1　be nothing to do という表現はないから、①には have が適当。have nothing to do は「することがない」という意味だから、②には free「ひまな」が適当。

2　without の後に to 不定詞が続くことはないから、①には using が適当。・without ~ing「~しないで」また、②の直前に not があり上の文の hard と同じ意味にするから、easy が適当。

3　感情を表す形容詞の後に続いてその理由を表すのは to 不定詞だから、①には to hear が適当。・be happy to ~「~して嬉しい」②の直後に〈人＋状態〉が続くから、made が適当。・make＋人＋状態「(人)を(状態)にする」

4　上の文が「マリアは6年前に名古屋に来て、今でも名古屋にいる」という意味だから、現在完了"継続"〈have/has＋過去分詞〉を使って「マリアは6年間ずっと名古屋にいる」という意味の文にする。①には「(場所)にいる」という意味の動詞の過去分詞が入るから、lived か been か stayed が適当。②の直後に期間を表す語句があるから、for が適当。・for＋期間「(期間)の間」

5　下の文を「奈良で私の父によって撮られた写真はとても美しかった」という意味の文にする。①には take の過去分詞 taken が適当。主語が The pictures(複数)だから、②には were が適当。

Ⅵ　1　We wanted to give the dog something to eat. :「~したい」＝want to ~　「(人)に(もの)をあげる」＝give＋人＋もの　「何か~するもの」＝something to ~

2　Do you know that this museum is often confused with an aquarium. :「~ということを知っている」＝know that ~(主語＋動詞)　「~と間違われる」は confuse A with B「A と B を混同する」を受動態にして表す。

3　Please take me to the amusement park if it is sunny next Sunday. :「(人)を(場所)へ連れて行く」＝take＋人＋to＋場所　if の後の文は未来のことでも現在形で表す。

4　You should talk as quietly as possible in the hospital. :「~するべき」＝should ~　「できるだけ~」＝as ~ as possible

Ⅶ　①は「生息地」という意味の単語、②には直後に of を続けて「~のせいで」という意味になる単語、③には直後に warming を続けて「地球温暖化」という意味になる単語が入る。

=========================《解答例》=========================

I　1．ア　　2．couldn't　　3．⑴ウ　⑵イ　　4．エ

　※5．解答1…ア　解答2…オ　※解答1と解答2は順不同

II　1．ウ　　2．ア　　3．ウ　　4．イ　　5．①three　②one

　※6．解答1…ア　解答2…カ　※解答1と解答2は順不同

III　1．イ　　2．angry　　3．イ　　4．ウ

　※5．解答1…エ　解答2…カ　※解答1と解答2は順不同

IV　1．ウ　　2．イ　　3．エ　　4．ウ

V　1．イ　　2．ウ　　3．ア　　4．ウ

VI　［3番目／5番目］1．［カ／キ］　　2．［カ／ア］　　3．［ア／イ］　　4．［キ／ア］

VII　①teaches　　②only　　③also

=========================《解　説》=========================

I　1①　・sent＋人＋to＋場所「(人)を(場所)へ行かせる」　　②　・be afraid of ～「～を恐れる」

　2　【本文の要約】参照。第4段落3行目から抜き出す。

　3⑴　「石の中の剣の名前は何ですか？」…第2段落の斜字体の英語は石に書かれていた言葉である。

　⑵　「なぜ国中の騎士達がその石の元に来ましたか？」…第2～3段落参照。剣を引き抜ければ，王になることができることから読み取る。

　4　本文は，石に刺さった剣とそれの周りで起きた出来事についてである。

　5　【本文の要約】参照。ア「アーサーは石に書かれた言葉を読まずに，剣を引き抜くことができた」　イ「ケイはアーサーが剣を抜いた後に×剣を抜いた」　ウ「ケイはトーナメントに出場したどの騎士よりも強かった」…本文にない内容。　エ「アーサーはトーナメントで優勝し，新しい王になった」…本文にない内容。オ「ケイは新しい王になりたかった」　カ「アーサーは×1度だけ剣を引き抜くことができた」

【本文の要約】

名君ユーサー王の死後，城の外に1つの石が現われた。その石には1本の剣が刺さっており，いくつかの言葉が書かれていた。

　「我はエクスカリバー。我は石の中の剣なり。もし我を引き抜く者がいたら，その者が王となるであろう」

　多くの人が石から剣を引き抜こうした。国中から最強の騎士達が来て挑戦した。しかし誰も抜くことができず，王のいない期間が長く続いた。

　ある日，国の最強の騎士達がトーナメントのために城に集まった。その騎士の1人，ケイは戦いの途中で剣が折れてしまった。彼は少年に自分の家まで別の剣を取りに 行かせた 。その少年の名はアーサーだった。彼は家で剣を見つけることができなかった。彼は剣を持たずに戻るのが 怖かった 。すると彼の目に城の近くの石に刺さっている剣が映った。5.ア彼は石に書いてある言葉を読まずに剣を引き抜こうとした。彼にとって剣を引き抜くことは簡単で，彼はそれをケイの元へ持って行った。

　トーナメントに出ていた全ての騎士が，少年が持って来た剣を見てとても驚いた。「誰がお前にその剣を渡したか教えろ。その人がこの国の新しい王になるのだ！」アーサーが自分一人で引き抜いたと言うと，彼らは

笑った。5.ｵケイは自分が新しい王になるチャンスだと思った。彼は剣を石に戻し，再びそれを引き抜こうとした。しかし剣は石の中から動かなかった。全ての騎士が引き抜こうとしたが，③できなかった。それで彼らは再び幼きアーサーをその剣の元に連れて来た。すると彼らの目の前で，アーサーは石から再びエクスカリバーを引き抜いた。

「お前が新しい王だ！」騎士がみな同意し，アーサーは新しい王になった。

Ⅱ　1　第1段落の2つの I hoped to ...を指す。

　　2　第3段落のアンナが想像したことと，第4段落の実際に工場で見たことがあまりにも違い過ぎたことから考える。would のある文はアンナが想像したことを表す。

　　3　【本文の要約】参照。ウの me はアンナを指す。・make A B「A を B（の状態）にする」

　　4　「アンナの父は，本当は彼女に何をしてほしかったですか？」…第1段落4行目から読み取る。

　　5　「なぜアンナはアメリカへ行くことを恐れていましたか？」…アンナの家族は，彼女とニーナと父の3人。アンナとニーナがアメリカへ行くと，家に残るのは父1人である。　　6　【本文の要約】参照。

【本文の要約】

　私は若い頃，6.ｱ勉強が好きではなかった。自分だけの人生を送るため，早く学校を出たかった。ロシアの小さな町で若い少女のできることは2つしかなかった。1つはそこにある工場で働くこと。もう1つは結婚することである。6.ｱ私は工場で働きたかった。これを話したら父は怒るだろうと思っていた。彼はきっと「だめだ，アンナ！ニーナとお前は大学へ行くのだ」と言うだろう。私達が幼かった頃に母が亡くなり，それから父は私達を幸せにしようと決意した。彼はいつも私達に大学へ行って勉強するよう言った。

　高校生だったある日，私は父に自分の希望を伝えた。彼は少し考え，「いいぞ，アンナ。明日工場へ行こう。今から電話して頼んでみるよ」と言った。私はそれを聞いて喜んだ。

　私は工場で働くのがかっこいいと思っていた。全員が一緒に働き，楽しんでいるのを想像した。中には音楽がかかっているだろう，学校での勉強よりも楽しいだろうと思っていた。

　翌日，父は私を工場へ連れて行った。そこで働く男性が来て，工場を案内してくれた。彼は工場内のことをたくさん説明してくれたが，機械の大きな騒音のため聞き取れないこともあった。音楽はかかっていなかった。そこで働いている人々はしゃべりも笑いもしていなかった。彼らは機械のように黙って仕事をしていて，疲れているように見えた。あまりにもひどく，自分がそこで働けるとは思えなかった。私は父の元へ駆け寄り，「家に帰りたい」と言った。

　家に帰る途中，父は私に「工場はどうだった？」と訊いた。

　「えっと…」私は答えられなかった。

　次の日から，私は熱心に勉強し始めた。私は英語の勉強を楽しみ，アメリカのいい大学への進学を考え始めた。私はニーナが付いてきて，私達が父をロシアに残したら，彼は家で一人寂しい思いをするだろうと心配になった。

　18歳のある日，私は父とニーナにアメリカで勉強するという夢を話した。彼らは少し驚いていたが，父は母のことを教えてくれた。6.ｶ彼女はかつてフランスの大学に留学していたという最高の経験—彼女の人生で最高の経験の1つ—を彼に話した。彼は③外国で勉強すれば，工場で働くよりも幸せになれるだろう，と言った。

　現在，ニーナと私はカリフォルニアの大学で勉強している。父は私達のことを誇りに思うと言ったが，私はあの時私を工場へ連れて行った父を誇りに思っている。

Ⅲ　1①　・view for ～「～の眺め」レストランを眺めるというのは不自然だから fireworks が適当。　　②　第2段落3行目 She decided to make a reservation for dinner より，食べるのは夕食である。

　　2　下線部③の4行下 I only made you angry. から抜き出す。・mad「腹を立てる」

　　3　下線部④の前のマイクの発言と一致するものを選ぶ。

　　4　スーザンがコーヒーショップでコーヒーを買った理由を選ぶ。・change「小銭」　　5　【本文の要約】参照。

【本文の要約】

　人は特別な人の大事な日にサプライズを計画することを好む。しかしその全部が計画通りに進むわけではない。これがよい例だ。

　スーザンとマイクは，マイクの誕生日の週にシンガポールで夏休みを過ごしていた。「①花火の最高の眺めと，おいしい②夕食をご友人とお楽しみください」 彼女は電車のこの広告を見て，「マイクの誕生日まであと2日だわ」と思った。彼女は彼にレストランのことを何も告げずに夕食を予約することにした。彼女は計画がうまくいくと思っていた。

　彼の誕生日，スーザンとマイクはショッピングモールで買い物を楽しんだ。その後，彼らはタクシーでレストランへ行く予定だった。しかし彼らは1時間以上タクシーを拾えなかった。すでに8時だった。

　スーザンは「遅くなってしまったわ。電車に乗りましょう。来て！」と言うと，突然走り出した。

　マイクは「待って。どこに行くんだい？教えてよ」と言い，走り始めた。

　彼女は「ダメよ。サプライズなんだから。ああ！電車に乗れなかったわ。小銭が必要だわ」と言い，お金を崩すためにコーヒーショップに寄ってホットコーヒーを買った。

　「スーザン，何をしてるんだ？」彼女は彼が少し怒っていることに気づいた。彼らはしばらくお互いに話をしなかった。レストランに着いた時には花火はすでに終わっていた。

　スーザンは全てを打ち明けた。

　「ごめんなさい。あなたに喜んでほしかっただけなの。でもあなたを怒らせただけだったわ」と言い，彼女は泣き始めた。

　「₅.ᴇ僕は君が何でも一人でやろうとしたから怒ってたんだ。問題を僕に話してくれなかった。僕は君を助けるためにここにいるんだよ，わかったかい？」彼はもう怒っていなかった。

　「あなたはいい人ね。でも私を嫌いになったんじゃないの？誕生日なのに楽しめなかったでしょう？」

　「僕が君を嫌いになることはないよ。でも驚いたことが1つあったよ」

　「何かしら？」

　彼は笑顔で，「君は店で何を買ったっけ？外は 35℃だよ。僕はアイスクリームを欲しかったよ。僕にはそれがサプライズだったよ」と言った。

　彼女は紙コップを思い出した。今でも手に持っていた。

　「⑤私は小銭が欲しかっただけだから，全然気にしなかったわ」

　彼は「いいんだよ」と言うと，そのコップのコーヒーをもらって飲み干し，「₅.ᴋ一番おもしろいサプライズをくれてありがとう」と言った。

Ⅳ　1　「紙に美しい日本語の文字を書きたければ，あなたはどの部活動を選びますか？」…ウ「書道部」
　　　・letter「文字」

　　2　「正月に多くの人が他の日には普段訪れない特別な場所を訪れます。彼らはそこで健康と幸運を願います。この場所は何と呼ばれますか？」…イ「神社」

3　「誰かを助けて，その人が『ありがとう』と言ってくれた後，適切でない答えはどれですか？」…
エ「おめでとう」

4　「1964 年，最初の東京オリンピックが行われました。岡田さんはその年に生まれました。次の東京オリンピックは 2020 年に行われます。その時，岡田さんは何歳になりますか？」…2020－1964＝56（歳）

V　1　主語と than の後の名詞が逆になっているから，later の対義語を比較級にする。時間が早いは early，速度が速いは fast で表す。　　2　能動態を受動態〈be 動詞＋過去分詞〉の文にする。助動詞は be 動詞の前。

3　〈There is A in B〉を〈A has B〉に書き換える。information は数えられない名詞だから much を使う。

4　〈○○＋~ing＋語句〉を〈○○＋関係代名詞 who＋動詞＋語句〉に書き換える。関係代名詞の直後の動詞は先行詞 My uncle に合わせ，語尾に s をつける。関係代名詞の直後に動詞の ing 形が続くことはない。

VI　1　Working too <u>hard</u> is <u>not</u> good for the health.　「～すること」は動名詞(~ing)で表す。「～に良い」＝be good for ~

2　I will make <u>them</u> something <u>if</u> they haven't had breakfast yet.　接続詞 if の後は〈主語＋動詞〉の語順。if の後に現在完了が続くと「～していたら（していなかったら）」という意味になる。　「（人）に（物）を作る」＝make＋人＋物

3　Was it difficult for <u>you</u> to <u>understand</u> his opinion?「～することは（人）にとって…です」＝It is … for ＋人＋to ~

4　I'm from a small village <u>which</u> is <u>surrounded</u> by mountains.〈関係代名詞＋動詞〉で後ろから名詞 village を修飾する。「～に囲まれる」＝be surrounded by ~

VII　①　「教える」＝teach　時制が現在で，主語 My father は三人称単数だから動詞の語尾に s をつける。sometimes は頻度を表す副詞だから動詞に影響を与えない。

②③　・not only A but also B「A だけでなく B も」

══════════════════════ 《解答例》 ══════════════════════

I　1．エ　　2．eight　　3．ア　　4．ウ　　5．オ，カ

II　1．イ　　2．cancer　　3．ウ　　4．エ　　5．ア，カ

III　1．my math homework　　2．イ　　3．ウ　　4．ウ　　5．エ　　6．ア，オ

IV　1．ウ　　2．イ　　3．イ　　4．エ　　5．ウ

V　1．エ　　2．ア　　3．イ　　4．エ

VI　［3番目／5番目］　1．［エ／イ］　　2．［オ／キ］　　3．［イ／エ］　　4．［カ／エ］

VII　①what　　②animal　　③living

══════════════════════ 《解　説》 ══════════════════════

I　　　　　　　　　　　　　　　〔本文の要約〕

　　今日，両親が企業で働く共働きの家族が多くなっている。生活のためにお金が必要だが，子どもと過ごす時間は少なくなるかもしれない。そういった家族を支援するため，働くルールを変え始めた企業もあるのだ。このような企業はより家庭に配慮しようとしている。

　　どうすれば家庭に配慮することとなるのだろうか？多くの企業ではフレックス・タイムという毎日平均8時間働けば，いい給料がもらえるという制度を採用している。ほとんどの企業がこれをよいシステムと言い，アメリカでは約33％のフル・タイムの労働者がこれを使っている。

　　ジョブ・シェアリングを採用している家庭に配慮している企業もある。この制度では，例えば2人で1つの仕事をし，給料も半分になる。企業にとっては給料が抑えられ，労働者にとっては子どもとの時間が増えるので，両者にとって好都合だ。アメリカでは約27％の企業が導入している。

　　多くの家庭に配慮している企業では，子どもの生まれた親に有給休暇も与えている。女性が給料ありの休暇を取得できる国もあれば，給料なしの休暇を取得できる国もある。アメリカでは女性は 12 週間給料なしの休暇を取得でき，フィンランドでは女性は 105 日，男性は 42 日の給料ありの休暇を取得できる。

　　様々な労働形態がありそれを選べることは，多くの人々に朗報である。

　1　第2〜4段落の内容から読み取る。　　2　下線部②の1行下"they work 8 hours every day"から読み取る。

　3③　働く時間は8時間だから早く出社すれば早く帰宅できる。　　　④　2人で1人分の仕事をするので，子どもにかける時間は多くなる。

　4　ア…第3段落"job sharing"　イ…第2段落"flexible hours"　エ…第4段落"days off with pay"

　5　オ「アメリカでは女性労働者は給料なしで84日休みを取得できる」第4段落3行目と一致。12 weeks＝84 days　カ「フィンランドでは子どもが生まれると，女性は男性の2倍以上の休暇を取得する」第4段落4〜5行目より，女性の休暇105日は男性の休暇42日の2倍より多いから一致。

Ⅱ　　　　　　　　　　　　　　　　　　　　〔本文の要約〕

　私は桜井優芽，20歳です。私は中学生の時はサンセット・ビーチに行き，一人で座っているのが好きでした。今ではそこに友だちといるのが幸せです。その話をします。

　ある日の理科の授業中，私は腹痛に襲われました。家に帰って母に痛みを訴えると，すぐに病院に連れていかれました。先生が私に入院を告げた時，何が起こったかわからず，どうしたらいいかわかりませんでした。

　私は5年間入院しました。色々な薬を処方され頭痛を起こしたり，吐いたりし，髪もすべて抜けました。私一人では病気と闘えなかったでしょうが，新しい友達の紗希がいたおかげで，幸せな時を過ごしました。14歳の紗希も同じ病気でした。私達はお互いを理解しあえたし，同じ病室だったので毎日話をしました。紗希は私に「最善を望もう」と言う言葉を教えてくれました。私達は厳しい時を耐え抜きました。退院後に，私の病気は癌だったと言われました。

　今も紗希と私は最高の友達です。何をするときも一緒です。サンセット・ビーチに一緒に座って楽しみます。

　1　腹痛を訴えた娘を連れて行く場所＝病院　　2　第3段落最終文の"cancer"が適当。

　3　下線部③の前文より「優芽も紗希も14歳で，同じ病気にかかっている」＝「同じ境遇」

　4　第3段落2行目にないものを選ぶ。・throw up「吐く，もどす」

　5　ア「優芽は理科の授業の時に自分が重い病気だと知らなかった」第2段落1～2行目の内容と一致。優芽は最初，水を飲み過ぎただけだと思っていた。　　カ「優芽はサンセット・ビーチに一人で行っていたが，今は最高の友達と一緒にそこに行く」本文の訳参考。

Ⅲ　　　　　　　　　　　　　　　　　　　　〔本文の要約〕

　同じクラスのJudyがスクールバスで声をかけてきた。「ねえ，Ann。数学の宿題やった？」私は「うん，難しかったね」と答えた。Judyは「私はまだ数学の宿題終わってないの。答えを見せてくれない？」と言ってきた。私は断って振り返りもせずに歩き去った。自分が誰かの答えを見たら不正になるが，自分が彼女に答えを見せたらそれは不正なのだろうか？

　最初の授業の前にJudyは友達に，「私が頼んだらAnnは断ったの」と言った。「なんて自己中なの！」「もうしゃべらないようにしよう」「そうしよう」と彼女たちは言った。

　昼食のとき，学校の友達は私と話さなくなった。数学の授業前，私はJudyに答えを見せようか迷っていたが，他の女子がJudyに答えを見せ，Judyは宿題を終わらせた。

　私は寝る前に親友のLisaのことを思い出していた。Lisaは，2年生の時に時計の読み方の分からなかった私に，答えを教えるのではなく答えの見つけ方を教えてくれた。それは不正ではなかった。しかしそれはJudyが私に頼んだことではなかった。

　数日して，学校の友達は私に話しかけてくれるようになった。Judyは私の事を終始嫌っていたが，それは大した問題ではなかった。私は正しいことをしたのだから。

　1　本文の訳参考。　　2　他人の答えを見ること＝不正

　3　Judyの頼み（＝宿題を見せてJudyを助けること）を断った。

　4　親友のLisaがしてくれた支援を要約する。

　5　宿題を見せなかった＝cheating（不正）をしなかった＝I did the right thing.

6　ア「Judyは学校に行く途中，Annに話しかけた」1行目より，JudyがAnnに話しかけた様子がわかる。

オ「AnnにとってはLisaが助けてくれるまで時間を時刻の読み方が分からなかった」本文の訳参考。

Ⅳ　1　手首と肩の間にある体の部位＝ひじ　　2　日本語のわからない外国人を助ける＝通訳

3　本屋ではノートが4冊320円＝1冊80円　コンビニでは6冊540円＝1冊90円　デパートでは8冊600円＝1冊75円

4　「若いうちに新しいことをしなさい」＝エ「鉄は熱いうちに打て」

5　元旦は12月28日の4日後。金曜日の4日後は火曜日。

Ⅴ　1　写真を撮るのが上手＝よい写真家

2　Please+⑩.＝Would(Could) you+⑩?　your birthday＝when you were born　間接疑問文は〈疑問詞+㊉+⑩〉の語順。

3　・have just been to~「～にちょうど行ってきたところ」

4　「カナダではフランス語と英語を話す」＝「フランス語と英語はカナダで話される言語だ」①先行詞がlanguagesだからwhich/that

Ⅵ　1　Could you tell him to go (shopping this afternoon?)・tell+㊂+to+⑩「㊂に⑩するよう言う」

2　When did you finish cleaning the room?・finish ~ing「～し終える」

3　(I've learned) there are many kinds of languages (in the world.)　・There are ~「～がある」

4　(Do you) know where the next Olympics will be held?　間接疑問文は〈疑問詞+㊉+⑩〉の語順。

Ⅶ　間接疑問文は〈疑問詞+㊉+⑩〉の語順。

═══════════════ 《解答例》 ═══════════════

Ⅰ　1．ア　　2．ウ　　3．イ　　4．ア　　5．エ　　6．ア，オ

Ⅱ　1．イ　　2．ウ　　3．more than　　4．ア　　5．イ　　6．エ，オ

Ⅲ　1．ア　　2．March　　3．birthday present　　4．alone　　5．エ　　6．ウ

Ⅳ　1．ア　　2．イ　　3．ウ　　4．イ

Ⅴ　1．ウ　　2．エ　　3．エ　　4．イ

Ⅵ　［3番目／5番目］　1．［ウ／ア］　　2．［カ／ア］　　3．［イ／ウ］　　4．［ア／オ］

Ⅶ　①live　　②has　　③to

═══════════════ 《解　説》 ═══════════════

Ⅰ　1　直前の文「風速640㎞の強い風」は「地球上で最悪のハリケーンよりはるかに威力がある」→ア．stronger が適当。

　　2②　直前の文「Ioには多くの火山がある」→「事実，それ(＝Io)は地球よりはるかに多くの火山活動がある」

　　③　直前の文「Ganymedeは木星最大の衛星である」→「それ(＝Ganymede)は惑星の水星より大きい」

　　3　第1段落最後の文から，イ．12年。

　　4　第4段落1～2行目参照。ア．1973年，無人探査船Pioneer 10号は500枚以上の木星の写真を地球に送った。

　　5　最後の段落1～2行参照。　　6　ア．第1段落1～2行目と一致。オ．第4段落1行目と一致。

Ⅱ　1　直前の文のbut以下参照。

　　2　②の後のtheseは同文のstories「下水道にいる，驚くような生き物の話」を指す。

　　3　(3)段落参照。'Mail Rail'は1927年から現在まで「80年以上」稼働している。

　　4・5　(1)段落は『都市の地下』のトンネルに話の焦点をあてている。(2)(3)段落は地下鉄の廃駅・廃線の再利用，(4)(5)(6)(7)はロンドンの下水道の話と続く。　　6　エ．(3)段落と一致。　　オ．(4)段落と一致

Ⅲ　1　第4段落参照。because以下の理由から美歌は授業料の安い学校を日本で探した。

　　2　美歌は2月11日日本を離れ1カ月ロンドンに滞在後帰国→3月(March)。

　　3　美歌は両親から指輪の代わりに1か月のロンドンホームステイというすばらしい誕生日プレゼントをもらった。

　　4　第3段落参照。美歌のhomestay familyはとても親切だった。また子どもがいなかったため，美歌を本当の娘のように可愛がってくれた。　　5　第5段落参照。

　　6　最後から3段落目1行目と一致。few「ほとんどない」

Ⅳ　1　Smith夫妻の息子Henryは，Smith氏の姉の息子Ken，Smith夫人の兄の娘Lisaと，いとこ(a cousin)

の関係である。

2　100m走で1番遅いのは Ellen→Lisa と Ken は同じくらい→Jack は Bob ほど速くない→Bob が1番速く走る。

3　Eri の所持金 2000 円－（1冊 150 円のノート×3＋1本 600 円のシャープペン）＝950 円

4　Brian 夫人は 32 個の chocolate candies のうち4個を食べ，残りを5人の子どもに分けたから，

（32－4）÷5＝5あまり3　箱の中に chocolate candies は3個残った。

Ⅴ　1　「～されなければならない」→・must~＝have to~「～しなければならない」　to 以下は，〈be 動詞＋過去分詞〉受け身の文にする。

2　・too…to~＝so… that＋主語＋ can't~「とても…で～できない」

3　最上級の文。「今までに見た中で」I have ever seen　現在完了の「経験」用法

4　don't(doesn't) have to~＝It is not necessary for＋（人）＋ to~「（人）が～する必要はない」

Ⅵ　1　The people (didn't know what to do after) the earthquake.　・what to do「何をしたらいいのか」

2　Everyone (needs someone to take care of them).　everyone, someone はともに単数扱いの代名詞。3番目が関係代名詞 who ならば，次の動詞は takes であるはず。to は不定詞の形容詞的用法。・take care of~「～の世話をする」

3　(The news made people all over Japan) sad.　・make A B (A を B の状態にする)　・people all over Japan「日本中の人々」

4　I (tried to do something I was able to) do.　was able to の代わりに could を選ぶと語数が合わなくなる。something と I の間の関係代名詞 that は省略されていることに注意。　・try to~「～しようとする」・be able to~「～できる」

Ⅶ　・one of~(複数名詞)「～の1人」　who は人に対して使う関係代名詞。　・have(has) been to~「～へ行ったことがある」　主語の「沖縄に住むおばのうち一人」は単数，「沖縄に住むおば」は複数であることに注意。

■ ご使用にあたってのお願い・ご注意

（1）問題文等の非掲載

著作権上の都合により，問題文や図表などの一部を掲載できない場合があります。

誠に申し訳ございませんが，ご了承くださいますようお願いいたします。

（2）過去問における時事性

過去問題集は，学習指導要領の改訂や社会状況の変化，新たな発見などにより，現在とは異なる表記や解説になっている場合があります。過去問の特性上，出題当時のままで出版していますので，あらかじめご了承ください。

（3）配点

学校等から配点が公表されている場合は，記載しています。公表されていない場合は，記載していません。

独自の予想配点は，出題者の意図と異なる場合があり，お客様が学習するうえで誤った判断をしてしまう恐れがあるため記載していません。

（4）無断複製等の禁止

購入された個人のお客様が，ご家庭でご自身またはご家族の学習のためにコピーをすることは可能ですが，それ以外の目的でコピー，スキャン，転載（ブログ，ＳＮＳなどでの公開を含みます）などをすることは法律により禁止されています。学校や学習塾などで，児童生徒のためにコピーをして使用することも法律により禁止されています。

ご不明な点や，違法な疑いのある行為を確認された場合は，弊社までご連絡ください。

（5）けがに注意

この問題集は針を外して使用します。針を外すときは，けがをしないように注意してください。また，表紙カバーや問題用紙の端で手指を傷つけないように十分注意してください。

（6）正誤

制作には万全を期しておりますが，万が一誤りなどがございましたら，弊社までご連絡ください。

なお，誤りが判明した場合は，弊社ウェブサイトの「ご購入者様のページ」に掲載しておりますので，そちらもご確認ください。

■ お問い合わせ

解答例，解説，印刷，製本など，問題集発行におけるすべての責任は弊社にあります。

ご不明な点がございましたら，弊社ウェブサイトの「お問い合わせ」フォームよりご連絡ください。迅速に対応いたしますが，営業日の都合で回答に数日を要する場合があります。

ご入力いただいたメールアドレス宛に自動返信メールをお送りしています。自動返信メールが届かない場合は，「よくある質問」の「メールの問い合わせに対し返信がありません。」の項目をご確認ください。

また弊社営業日（平日）は，午前9時から午後5時まで，電話でのお問い合わせも受け付けています。

2025 春

株式会社教英出版

〒422-8054　静岡県静岡市駿河区南安倍3丁目 12-28

TEL　054-288-2131　　FAX　054-288-2133

URL　https://kyoei-syuppan.net/

MAIL　siteform@kyoei-syuppan.net

教英出版　2025　24 の 1　愛知工業大学名電高 7 年分

平成 30 年度　一般入学試験

数　　学

【注意事項】

（1）　「始め」という指示があってから，開いて始めなさい。

（2）　解答用紙の志望科・コースの□を黒くぬりつぶし，受験番号・氏名を記入しなさい。

（例）

■ 特進・選抜コース
□ 普通コース
□ 科学技術科
□ 情報科学科

（3）　試験時間は40分です。

（4）　この問題は5ページまであります。ページが抜けていたり，印刷の文字がはっきりしていない場合は，静かに手をあげて先生に知らせなさい。

（5）　解答はすべて解答用紙に記入しなさい。

（6）　計算は問題の余白を利用しなさい。

（7）　定規・分度器・計算機等の使用はできません。

（8）　質問のある時は静かに手をあげて，先生の指示を受けなさい。

（9）　「やめ」という指示で書くことをやめなさい。

（10）　問題は持ち帰ってください。

愛知工業大学名電高等学校

1 次の問いに答えなさい。

(1) $\{-1^2+(5-14)^2\}-\dfrac{3}{4}\div\dfrac{3}{20}$ を計算しなさい。

(2) $a=19$，$b=2$ のとき，$(a+b)^2-6(a+b)+5$ の値を求めなさい。

(3) 次の大小関係 $3<\sqrt{a}<3.5$ にあてはまる自然数 a は全部で何個あるか求めなさい。

(4) 原価 200 円の商品 A，B に，A は 4 割，B は 2 割の利益を見込んでそれぞれ定価をつけ，10000 円の利益を得るために 2 つの商品 A，B を合わせて 200 個販売しました。B が売れ残りそうだったので，B のいくつかを定価の半額にして販売したところ，200 個すべて売り切ることができ，利益は 7600 円でした。定価の半額で販売した商品 B の個数を求めなさい。

(5) 5 時を過ぎてから，時計の長針と短針の間の角度がはじめて 50° になるのは何時何分か求めなさい。

(6) 右の図のように2点P，Qが正方形ABCDの頂点A，Bに
それぞれあります。さいころを2回投げて，1回目に出た目
の数だけ点Pは左回りに，2回目に出た目の数だけ点Qは
右回りに1つずつ頂点を移動します。2回さいころを投げ終
わったときに点P，Qが正方形の同じ頂点にある確率を求め
なさい。

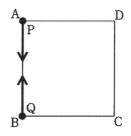

(7) 右の図のように，半径4の円Oの内側に正三角形が接し
ています。斜線部分の面積を求めなさい。ただし，円周
率をπとします。

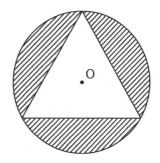

平成30年度　一般入学試験

英　　語

【注意事項】

（1）　「始め」という指示があってから，開いて始めなさい。

（2）　解答用紙の志望科・コースの□を黒くぬりつぶし，受験番号・氏名を記入しなさい。

（例）

■	特進・選抜コース
□	普 通 コ ー ス
□	科 学 技 術 科
□	情 報 科 学 科

（3）　試験時間は40分です。

（4）　この問題は8ページまであります。ページが抜けていたり，印刷の文字がはっきりしていない場合は，静かに手をあげて先生に知らせなさい。

（5）　解答はすべて解答用紙に記入しなさい。

（6）　質問のある時は静かに手をあげて，先生の指示を受けなさい。

（7）　「やめ」という指示で書くことをやめなさい。

（8）　問題は持ち帰ってください。

愛知工業大学名電高等学校

K 教英出版

問題は次ページから始まります。

Ⅰ. 次の英文を読み，あとの設問に答えなさい。

There are many great science fiction books in the world, and one of the most famous is "The Time Machine". It was written by H.G. Wells in <u>1895</u>. The story of "The Time Machine" is about a scientist. He creates a machine which can take him to the future or the past. It is called a time-travel machine. Now he is a time traveler, and he can travel through time in the machine. When he tries this machine, it takes him 800,000 years into the future.

The future Earth is very different. There are no animals there. He only sees the Eloi, a future people. Their language is different from the time traveler's, but he learns that they are a very nice people. They live in peace and never fight. They help him and give him food to eat. He enjoys his visit to the future very much. One day he helps a girl who is drowning in the river, and they become friends. At first, the future Earth looks like paradise to him, but it is not. After some time, he loses his time machine. He begins to look for the machine because he wants to go back to his own time. When he is looking for it, he discovers another people called the Morlocks. They don't live on the ground, but they live underground. They are not friendly, and they sometimes come up to the Eloi's villages on the ground and try to fight them. The time traveler finds out that the Morlocks took his time machine. He tries to get it back.

Will he get the machine back? Is it possible for him to go back to the past? Read the book and find out. This story was written more than one hundred years ago, but it is exciting for us to read the time traveler's adventures. I think H.G. Wells came to the year 2017 in his time machine, and learned what kind of books were exciting for us.

（注） a people 種族　　　drown 溺れる　　　paradise 楽園　　　possible 可能な

1．本文二行目，下線部の英語の読み方を，英語（小文字）で書きなさい。

2．次の文の ☐ 内に入る最も適当なものを，ア～エから一つ選び，記号で答えなさい。

The Eloi are a people living ☐ .

ア．in the future

イ．in a peaceful world with animals

ウ．under the ground

エ．in paradise

3．次の質問の答えとして最も適当なものを，ア～エから一つ選び，記号で答えなさい。

Why does the time traveler have to look for his time machine?

ア．To show it to a future girl.

イ．To make another time machine for the Eloi.

ウ．Because he wants to make another trip.

エ．Because there are some important books in it.

4．本文の内容と一致するものを，ア～オから一つ選び，記号で答えなさい。

ア．The time traveler helps a girl from the Morlocks in the river.

イ．The Morlocks and the Eloi live happily together.

ウ．The traveler loses the time machine, and the Morlocks find it.

エ．"The Time Machine" is an old book which is still exciting to read.

オ．H.G. Wells was a scientist who made a time machine, and came to the year 2017.

5．本文の主題として最も適当なものを，ア～エから一つ選び，記号で答えなさい。

ア．reading great new books

イ．a great science fiction story

ウ．time traveling

エ．a great scientist

一般英語

II. 次の英文と表に関するあとの設問の答えとして最も適当なものを，ア～エから一つずつ選び，記号で答えなさい。

Kenji is writing about his day out in Nagoya with John. John is an American exchange student, and he is staying at Kenji's house for three weeks.

Saturday, July 29th

It was a very hot day. Today, I went to some sightseeing spots with John. I can't believe John has been here for two weeks already! I will miss him when he goes back to the U.S. next Sunday.

First, we bought one-day bus tickets at Nagoya Station, and then we got on a sightseeing bus. Its design is special. The bus has a tail on the top of it. It is like *Shachihoko* (a sea animal like a fish which is famous in Nagoya). You can also see a big picture of it when you look at the bus from the side. It has one big eye and big teeth.

John likes history, so we went to Nagoya Castle first. John wanted to see Tokugawa Garden next, but we didn't have time, because after visiting the castle, we needed to go another three bus stops to Nagoya TV Tower. We had a nice lunch at the restaurant near the tower.

Number	Bus Stop	Time table					
1	Nagoya Station	9:30	9:50	10:10	10:30	10:50	11:10
2	Toyota Museum	9:38	9:58	10:18	10:38	10:58	11:18
3	Noritake Garden	9:42	10:02	10:22	10:42	11:02	11:22
4	Nagoya Castle	9:52	10:12	10:32	10:52	11:12	11:32
5	Tokugawa Garden	10:06	10:26	10:46	11:06	11:26	11:46
∫							
(A)	Nagoya TV Tower	10:22	10:42	11:02	11:22	11:42	12:02

平成 30 年度　　一般入学試験解答用紙

英 語

I

1			
2	3	4	5

II

1	2	3	4	5

III

1	2	3	4	5

IV

1	2	3

V

1	2	3

VI

1	2	3	4

□ 特進・選抜コース □ 普 通 コ ー ス □ 科 学 技 術 科 □ 情 報 科 学 科	受験番号	氏　　名	得　点

※100点満点
（配点非公表）

平成 30 年度　　一般入学試験解答用紙

数 学

1	(1)	(2)
	(3)	(4)
	個	個
	(5)	(6)
	時　　　　分	
	(7)	

2	(1)	(2)
	：	cm

3	(1)	(2)
		(　　　，　　　)

4	(1)	(2)
	cm³	cm²

□ 特進・選抜コース □ 普 通 コ ー ス □ 科 学 技 術 科 □ 情 報 科 学 科	受験番号	氏　　名	得　点

※100点満点
(配点非公表)

【解答用

1. Which bus did Kenji and John take?

ア.　　　　　　　　　　　　　　　イ.

ウ.　　　　　　　　　　　　　　　エ.

2. How long does it take to get to Nagoya Castle from Nagoya Station by bus?
   ア. 18 minutes　　　イ. 20 minutes　　　ウ. 22 minutes　　　エ. 24 minutes

3. Which number is (A)?
   ア. 5　　　　　　　イ. 6　　　　　　　ウ. 7　　　　　　　エ. 8

4. How many buses leave Nagoya Station before eleven o'clock?
   ア. 5　　　　　　　イ. 6　　　　　　　ウ. 7　　　　　　　エ. 8

5. Which is the correct sentence?
   ア. It takes ten minutes from Toyota Museum to Nagoya Castle.
   イ. John had to buy two bus tickets to take the bus.
   ウ. It takes longer to get to Nagoya Castle from Nagoya Station than to Nagoya TV Tower from Nagoya Castle.
   エ. Kenji and John took two buses to get to Nagoya TV Tower from Nagoya Station.

一般英語

Ⅲ. 次の手紙を読んで，あとの設問に答えなさい。

January 5th, 2017
Dear Naomi,

　　It feels like such a long time since we last saw you in the U.S. I know it has only been a few months. I had a really good time in the cultural exchange program. How have you been? Here I am spending holidays with my family and old friends. They say that this summer has been hotter than every year before. What is the weather like in Tokyo? I guess it is freezing cold!

　　I spend almost every day outside. You said I had paler skin than you, but I am getting <u>tanned</u> so you cannot say I am paler than you anymore. If you see me now, you will think I look healthier.

　　Summer is my favorite season because there are a lot of things to do on the beach. Every weekday I play beach volleyball with my friends. My partner and I are practicing for a beach volleyball tournament next week. Last year we got third place, so we hope to win a better place this year. I also enjoy swimming, surfing, and collecting seashells. There are many different kinds of beautiful seashells on the beach. Last week I made two necklaces with them, so I am sending one to you with this letter. I hope you like it.

　　On weekends I help my uncle. He has a seaside cottage and sells meals to swimmers. At first I was nervous about talking to the customers. But now, I enjoy meeting people from different parts of the country. I don't receive any money, but I love the job very much.

　　There are only a few weeks left of my vacation, and after that I have to go back to college. I will be busy for a while, but I want to visit your country in the near future because I like Japanese culture very much. I am looking forward to hearing from you soon.

With love,
Caroline

　（注）skin 肌　　seashell 貝殻　　necklace ネックレス　　seaside cottage 海の家

1．本文七行目，下線部の意味を次のように英語で定義したとき，□□□内に入る語を，英語で
　 書きなさい。

　　 having a darker skin color because you have been in the □□□

2．キャロラインが住んでいる国を，ア～エから一つ選び，記号で答えなさい。
　　 ア．Japan　　　　　　 イ．the U.S.　　　　 ウ．Australia　　　 エ．Canada

3．キャロラインの平日の過ごし方として正しくないものを，ア～エから一つ選び，記号で答えな
　 さい。
　　 ア．She plays beach volleyball.　　　 イ．She goes surfing.
　　 ウ．She collects seashells.　　　　　 エ．She works at a seaside cottage.

4．次の質問の答えとして最も適当なものを，ア～エから一つ選び，記号で答えなさい。
　　 What place does Caroline want to win in the beach volleyball tournament?
　　 ア．first or second　　　　　　　　　 イ．second or third
　　 ウ．third or fourth　　　　　　　　　 エ．fourth or fifth

5．本文の内容と一致するものを，ア～オから一つ選び，記号で答えなさい。
　　 ア．It has only been a few weeks since Caroline and Naomi first met.
　　 イ．Caroline is giving a handmade seashell necklace to Naomi.
　　 ウ．Caroline doesn't like talking to swimmers at the seaside cottage.
　　 エ．Caroline likes helping her uncle because she can make a lot of money.
　　 オ．Caroline likes Japanese culture because she has been to Japan.

Ⅳ. 次の１〜３の状況に対する質問の答えとして最も適当なものを，ア〜エから一つずつ選び，記号で答えなさい。

1. Junior high school students in Aichi visit another prefecture like Tokyo or Osaka. They sometimes visit places together, and they sometimes go to different places in small groups to learn about Japanese culture. Students have this kind of event only once in three years. What is this event called?

 ア．a student council   イ．a school trip

 ウ．summer vacation   エ．an evacuation drill

2. You are walking in town. You see a man who is sitting on the street, and he looks very sick. There is no one else there. What do you do in an emergency like this?

 ア．I'll call for an ambulance.   イ．I'll be impressed with his performance.

 ウ．I'll get well soon.   エ．I'll be angry with him.

3. Look at this table. What do you understand from the table?

	Area (1,000km²)	Population (millions)
Japan	378	128
Italy	301	60
Canada	9,985	35
Brazil	8,515	191
Australia	7,713	24

 ア．Japan is the smallest in area, but its population is the largest.

 イ．The largest country in area is Canada, but its population is the smallest.

 ウ．The most people live in Brazil, and its area is larger than that of Canada.

 エ．Australia is the third largest area of the five countries.

Ⅴ. 次の１〜３の各組の英文がほぼ同じ意味になるように，（ ① ），（ ② ）内に入る語句の組み合わせとして最も適当なものを，ア〜エから一つずつ選び，記号で答えなさい。

1. I took a train to Sakae, and another to Nagoya.
I changed (①) at Sakae to (②) Nagoya.

 ア．① trains ② get to   イ．① the train ② arrive

 ウ．① the train ② get to   エ．① trains ② arrive

2. Do you know how old (①)?

Do you know when this temple (②)?

　　ア. ① this temple is　② was building　　イ. ① this temple is　② was built

　　ウ. ① is this temple　② was building　　エ. ① is this temple　② was built

3. Maho took some pictures.　They are very nice.

The pictures (①) by Maho (②) very nice.

　　ア. ① taking　② is　　　　　　　　イ. ① taking　② are

　　ウ. ① taken　② is　　　　　　　　エ. ① taken　② are

VI. 次の1〜4の日本語の意味に合うように（　　　）内の語句を並べかえたとき，（　　　）内
　で2番目（ ② ）と4番目（ ④ ）にくる語句の組み合わせとして最も適当なものを，ア〜
　エから一つずつ選び，記号で答えなさい。ただし，文頭にくる語も小文字で示してあります。

1. あそこで踊っている女の子は菜々子です。

The (there / dancing / is / over / girl) Nanako.

　　ア. ② dancing　④ there　　　　　イ. ② is　④ over

　　ウ. ② dancing　④ over　　　　　　エ. ② girl　④ there

2. 私はその職人に何か新しいものを作り出してほしいと思いました。

I (the craftsperson / something / to create / new / wanted).

　　ア. ② to create　④ something　　　イ. ② the craftsperson　④ something

　　ウ. ② to create　④ new　　　　　　エ. ② the craftsperson　④ new

3. 昨日君がくれた本のおかげで嬉しかったです。

(made me / you gave me / yesterday / the book / which / happy).

　　ア. ② the book　④ which　　　　　イ. ② made me　④ you gave me

　　ウ. ② which　④ yesterday　　　　　エ. ② made me　④ yesterday

4. 彼らは動物と共存する最善の方法を考えていました。

They (live / the best way / thinking / to / with / about / kept) animals.

　　ア. ② about　④ to　　　　　　　　イ. ② the best way　④ kept

　　ウ. ② thinking　④ about　　　　　エ. ② thinking　④ the best way

K 教英出版

2 右の図のように 2 つの相似な円柱 A，B があります。A の側面積 が $18\pi\,\mathrm{cm}^2$，B の側面積が $32\pi\,\mathrm{cm}^2$ のとき，次の問いに答えなさい。ただし，円周率を π とします。

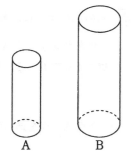

(1) 円柱 A と B の相似比を求めなさい。

(2) 円柱 A と B の体積の和が $182\pi\,\mathrm{cm}^3$ であるとき，A の底面の半径の長さを求めなさい。

3 右の図のように，放物線 $y=-\dfrac{1}{2}x^2$ 上に2点A，Bがあります。点Aの x 座標は -8，点Bの x 座標は4とするとき，次の問いに答えなさい。

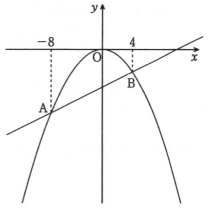

(1) 2点A，Bを通る直線の方程式を求めなさい。

(2) △CABの面積が △OABの面積の2倍となるように点Cを y 軸上にとります。点Cを通り直線ABに平行な直線が x 軸と交わる点の座標を求めなさい。ただし，点Cの y 座標は負とします。

4 右の図は，1辺が 8cm の立方体 ABCD－EFGH
で点 M，N はそれぞれ辺 AB，AD の中点である。
この立方体を 4 点 M，F，H，N を通る平面で切
るとき，次の問いに答えなさい。

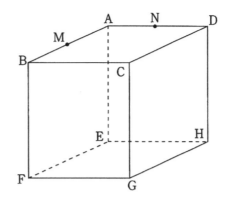

(1) 頂点 A を含む方の立体の体積を求めなさい。

(2) 頂点 A を含む方の立体の表面積を求めなさい。

平成29年度　一般入学試験

数　学

【注意事項】

（1）　「始め」という指示があってから，開いて始めなさい。

（2）　解答用紙に受験番号・氏名を記入しなさい。志望科・コースの欄は、志望する科・コースの□を黒くぬりつぶしなさい。

（例）

| ■ 特進・選抜コース |
| □ 普 通 コ ー ス |
| □ 科 学 技 術 科 |
| □ 情 報 科 学 科 |

（3）　試験時間は40分です。

（4）　この問題は5ページまであります。ページが抜けていたり，印刷の文字がはっきりしていない場合は，静かに手をあげて先生に知らせなさい。

（5）　解答はすべて解答用紙に記入しなさい。

（6）　計算は問題の余白を利用しなさい。

（7）　定規・分度器・計算機等の使用はできません。

（8）　質問のある時は静かに手をあげて，先生の指示を受けなさい。

（9）　「やめ」という指示で書くことをやめなさい。

（10）　問題は持ち帰ってください。

愛知工業大学名電高等学校

1 次の問いに答えなさい。

(1) $(x-2y)^2+(x+y)(x-5y)+7y^2$ を因数分解しなさい。

(2) $\sqrt{2}=1.41$, $\sqrt{3}=1.73$ とするとき，次の値を求めなさい。
$$\sqrt{0.03}+\frac{4}{\sqrt{6}}\div\frac{\sqrt{2}}{6}$$

(3) 2つの連立方程式 $\begin{cases} x+y=1 \\ ax+by=10 \end{cases}$, $\begin{cases} 4x+3y=5 \\ bx+ay=-11 \end{cases}$ が同じ解をもつとき，a, b の値を求めなさい。

(4) 長さ 150m の列車が時速 90km で走っています。この列車が鉄橋の 1km 手前にあるトンネルを抜け始めてから，鉄橋を渡りきるまで 3 分かかりました。鉄橋の長さは何 m か求めなさい。

(5) 大小 2 個のさいころを同時に投げたとき，大きいさいころの目の数を a，小さいさいころの目の数を b とします。このとき $\sqrt{2ab+4}$ が自然数となる確率を求めなさい。

(6) 右の図のように，点Oを中心とする直径AB
の円があります。∠BAC＝15°となるように円
周上に点Cをとり，$\overset{\frown}{BC}:\overset{\frown}{BD}＝1:3$ となるよ
うに点Cを含まない$\overset{\frown}{AB}$上に点Dをとります。
さらに，弦DEが直径となるように円周上に点
Eをとり，弦ACと弦BEの交点をFとする
とき，∠AFEの大きさを求めなさい。

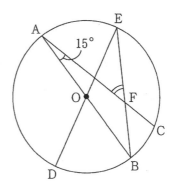

(7) 右の図のように，同じ大きさのコインを1段
目は1個，2段目は2個，3段目は3個とす
きまなく並べます。下線から並べたコインの
最高点までの長さが $4+4\sqrt{3}$ であったとき，
コインの半径を求めなさい。

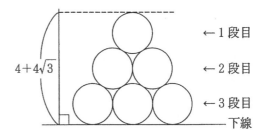

平成29年度　一般入学試験

英　　語

愛知工業大学名電高等学校

問題は次ページから始まります。

一般英語

Ⅰ. 次の文を読み，あとの設問に答えなさい。

It is a traditional part of weddings all over the world to give and receive gifts. Parents and people who come to weddings usually give gifts to the man and woman to help them in their new home. In many countries, it's traditional for the man and woman to give rings to each other to show their love. Some countries also have other traditions of giving.

Coins are an important part of weddings in many countries. In Mexico, it's traditional for the man to give the woman thirteen coins. The coins mean that the man will give his new wife enough money for food and clothes. If the woman accepts the coins, it means that she will take care of her husband.

In China, the man also gives money. It's put in red paper or a red envelope. However, he doesn't give the money to the woman — he gives it to the woman's friends to thank them.

In Sudan, the man receives a present from the woman's mother. She makes a gift with flowers to welcome him into the family. But in Vietnam, (A   ) gives presents. She gives a plant to the woman's parents. The plant shows respect. She also gives them something pink. Pink is a happy color.

In many countries, parents give their children wedding gifts. In Poland, the parents give them bread and salt at the wedding. The bread shows hope that they will never be (B   ). The salt shows that their new life together won't always be easy.

In South Africa, the man's family gives a gift to the woman's family. It's traditional to give some cows, but these days money is often given instead. The gift shows that their new life isn't just between the man and the woman, but between the two (C   ).

（注）　weddings　結婚式　　　　rings　指輪　　　　coins　コイン
　　　　envelope　封筒　　　　　respect　尊敬　　　bread　パン
　　　　salt　塩

1. 第一段落で筆者が主張したい内容を，次のア〜エから一つ選び，記号で答えなさい。
    ア．伝統的な結婚式では，贈り物のやりとりをしなければならないということ。
    イ．結婚する男女が，結婚式の参加者に贈り物を贈る習慣があるということ。
    ウ．結婚式では，結婚する男女が愛を示すために指輪の交換が大切だということ。
    エ．世界の国々には，結婚式の贈り物に関する様々な伝統があるということ。

2. （　A　）に入る英語として最も適当なものを，次のア〜エから一つ選び，記号で答えなさい。
    ア．the man's father
    イ．the man's mother
    ウ．the woman's father
    エ．the woman's mother

3. （　B　）に入る最も適当なものを，次のア〜エから一つ選び，記号で答えなさい。
    ア．hungry　　　　イ．happy　　　　ウ．delicious　　　　エ．rich

4. （　C　）に入る最も適当な英語一語を答えなさい。

5. 本文の内容と一致するものを，次のア〜オから一つ選び，記号で答えなさい。
    ア．メキシコでは女性が男性にコインを贈る。
    イ．中国では男性から女性に赤い封筒に入れてお金を贈る。
    ウ．ベトナムでは幸せを示す色を使った物が贈られる。
    エ．多くの国では子供が親に対して贈り物を贈る。
    オ．南アフリカでは最近お金のかわりに牛が贈られる。

Ⅱ. 次の会話文を読み，あとの設問に答えなさい。

Clerk:	Can I help you?
Mr. Davis:	Yes, I'm looking for a new coat for the winter. My old coat is too small for me now.
Clerk:	I see. What size do you want?
Mr. Davis:	Well, I'm not sure, but I'm medium, I think.
Clerk:	Do you want a long one or a short one?
Mr. Davis:	Ah, I want a long one. I already have a short one.
Clerk:	How's ①this black one?
Mr. Davis:	(　　A　　) How much is it?
Clerk:	It's a good price right now, only two hundred and fifty dollars. It was four hundred dollars.
Mr. Davis:	Oh! That's a little expensive. Do you have anything a little cheaper?
Clerk:	Yes, of course. Just a moment. (　　B　　) ②This brown one is half price. It's only one hundred and sixty dollars.
Mr. Davis:	Can I try it on?
Clerk:	Yes, of course. The changing room is over there, behind the women's coats by the window.
Clerk:	How does it fit?
Mr. Davis:	It feels fine. Do you have it in a different color?
Clerk:	Yes, we have it in black.　Here you are.
Mr. Davis:	I love it. I think I'll take it.

　　(注) coat　コート　　　　dollars　ドル　　　　brown　茶色の　　　　fit　ぴったり合う

2		

3	(1)	(2)
	cm^3	cm^3

4	(1)	(2)
	:	点 P (,)

	受験番号	氏　名	得　点
□ 特進・選抜コース □ 普 通 コ ー ス □ 科 学 技 術 科 □ 情 報 科 学 科			※100 点満点 （配点非公表）

VI	1.	2.	3.

VII	①	.
	②	?

□ 特進・選抜コース □ 普 通 コ ー ス □ 科 学 技 術 科 □ 情 報 科 学 科	受験番号	氏　　名	得　点
			※100 点満点 （配点非公表）

H29. 愛知工業大学名電高

K 教英出版

平成 29 年度　　　一般入学試験解答用紙

英 語

I	1.	2.	3.	4.	5.

II	1.	2. A	B	3.

III	1.	2.①	②	③	3.

IV	1.	2.	3.

	1.	2.	3.

平成 29 年度　　　一般入学試験解答用紙

数 学

		(1)	(2)
1			
		(3)	(4)
		$a =$　　　　, $b =$	m
		(5)	(6)
			$\angle \mathrm{AFE} =$
		(7)	

1. 下線部①，②に関して次の質問をしたとき，答えとして正しい組み合わせを，次のア～エから一つ選び，記号で答えなさい。

How much was it originally?

ア．① 250 dollars.　② 320 dollars.

イ．① 250 dollars.　② 160 dollars.

ウ．① 400 dollars.　② 320 dollars.

エ．① 400 dollars.　② 160 dollars.

2.（ A ），（ B ）に入る最も適当な文を，次のア～オから一つずつ選び，記号で答えなさい。

ア．Here you are.

イ．Look over there.

ウ．Sure.

エ．It sounds nice.

オ．It looks nice.

3. 本文の内容と一致するものを，次のア～エから一つ選び，記号で答えなさい。

ア．Mr. Davis wants to buy a medium shirt.

イ．Mr. Davis has a long coat at home.

ウ．The brown coat was too expensive for Mr. Davis.

エ．Mr. Davis will buy a black coat.

一般英語

Ⅲ. 次の文を読み，あとの設問に答えなさい。

When Bronwyn was 16 years old, she wanted to help her community. People laughed at her. They said, "You are so young!" but she didn't listen to them. She was sure that friendship was important to everyone, so, in 1996, she started The Friendship Page.

The Friendship Page has two goals. One goal is to make the Internet friendlier. The other goal is to bring more peace to the world. The Friendship Page is really about "peace through friendship." Today, 25 volunteers help Bronwyn with The Friendship Page. Their work is very hard, but they have a lot of fun. They think their work is very important.

The Friendship Page is friendly, free, fun, and easy to use. For example you can meet new and old friends in the chat room. You can get advice about friendship. There are interesting pages with songs, poems, messages, and more. You can also make greeting cards and birthday cards on this website, and you can send them to your friends.

The Friendship Page is very popular. More than 22,000 people in 200 countries visit every day. That's 8,000,000 people every year. People from 7 to 90 years old visit The Friendship Page. Most people are from 13 to 34 years old. Young people and old people can be friends. They can help each other and learn a lot. 55% are women, and 45% are men.

The Friendship Page is very (   ). Volunteers watch the website carefully. On The Friendship Page, people do not use their real names. There are also no personal email addresses, no phone numbers, and no personal pictures. Also, when you delete information from The Friendship Page, people can't see it again. The information does not stay on the Internet.

(注) Bronwyn ブロンウィン（人名）　　　　　community 地域社会
friendship 友好　　　chat チャット，おしゃべり　poem 詩
greeting あいさつ　　addresses アドレス　　　delete ～を削除する

1. 本文の内容に合うように，次の文の（　　　）に入る最も適当なものを，下のア～エから一つ選び，記号で答えなさい。

Bronwyn's goal is to do something good for her community and for (　　　).
- ア．her volunteers
- イ．young people
- ウ．a chat room
- エ．the world

2. 本文の内容と一致するものを，次の①～③のア～エから一つずつ選び，記号で答えなさい。
- ① ア．Some people didn't believe that a 16-year-old child could help her community.
- イ．Some people laughed at Bronwyn, so she didn't try to help her community.
- ウ．Bronwyn's friends started The Friendship Page in 1996.
- エ．Bronwyn believes that the Internet doesn't make people friendly.
- ② ア．The Friendship Page's work is so hard that volunteers don't enjoy their work.
- イ．The Friendship Page is difficult to use because there are a lot of interesting pages.
- ウ．People can give you some advice about friendship on The Friendship Page.
- エ．You can't send birthday cards, but you can make them on The Friendship Page.
- ③ ア．People from 8 to 12 years old don't use The Friendship Page.
- イ．More than 4,000,000 women visit The Friendship Page every year.
- ウ．More than 22,000 people are popular on The Friendship Page.
- エ．8,000,000 people visit The Friendship Page every day.

3. 本文中の（　　）に入る最も適当なものを，次のア～エから一つ選び，記号で答えなさい。
- ア．cheap
- イ．young
- ウ．natural
- エ．safe

一般英語

Ⅳ. 次の1〜3の各組の英文がほぼ同じ意味になるように，（ ① ），（ ② ）に入る語句の組み合わせとして最も適当なものを，下のア〜エから一つずつ選び，記号で答えなさい。

1. To (①) English is difficult for me.
   (②) English is difficult for me.
   ア．① learn ② Learned　　　イ．① learning ② Learn
   ウ．① learn ② Learning　　　エ．① learning ② Learned

2. This song was (①) by Masao for his friends last Sunday.
   Masao (②) this song for his friends last Sunday.
   ア．① singing ② sings　　　イ．① sung ② sings
   ウ．① singing ② sang　　　エ．① sung ② sang

3. Please (①) the window.
   Can (②) open the window?
   ア．① opening ② you　　　イ．① opening ② I
   ウ．① open ② you　　　エ．① open ② I

Ⅴ. 次の1〜3の（　　）に入る最も適当な語句を，下のア〜エから一つずつ選び，記号で答えなさい。

1. A：Thank you for inviting me.
   B：(　　　).
   ア．Good job　　　イ．You are welcome
   ウ．Of course　　　エ．That's too bad

2. A：Were your tests good?
   B：No, they were bad. I want to cry.
   A：(　　　). You will do well next time.
   ア．Cheer up　イ．Congratulations　ウ．Not really　エ．Not at all

3. A：I like soccer and play it in a club team.
   B：That sounds nice. (　　　)?
   A：I practice every two weeks.
   ア．How long have you played　　　イ．How often do you play
   ウ．How many sports do you play　　　エ．How about playing this week

Ⅵ. 次の1～3の日本語の意味に合うように，（　　　）内の語句を並べかえたとき，（　　　）内
　　で3番目（③）と5番目（⑤）にくる語句の組み合わせとして最も適当なものを，下のア～エか
　　ら一つずつ選び，記号で答えなさい。ただし，文頭にくる語も小文字で示してあります。

　　1．サクラは私の誕生日に，この美しい写真をくれた。
　　　　Sakura (me / picture / on / this / gave / beautiful) my birthday.
　　　　　ア．③ this　　　　⑤ picture　　　イ．③ beautiful　　⑤ me
　　　　　ウ．③ beautiful　⑤ picture　　　エ．③ me　　　　　⑤ beautiful

　　2．コンピューターを使うことは彼女にとって簡単だ。
　　　　(easy / to / her / it / use / for / is) a computer.
　　　　　ア．③ it　　　　　⑤ is　　　　　　イ．③ easy　　　　⑤ for
　　　　　ウ．③ to　　　　　⑤ for　　　　　エ．③ easy　　　　⑤ her

　　3．私は次の電車がいつ来るか知っている。
　　　　I (train / next / when / come / will / know / the).
　　　　　ア．③ next　　　　⑤ will　　　　　イ．③ the　　　　　⑤ train
　　　　　ウ．③ train　　　⑤ will　　　　　エ．③ next　　　　⑤ when

Ⅶ. 次の会話文の下線部①，②を英語にしなさい。

　　A：僕のクラスに留学生が来たよ。名前はキャサリン。
　　　　①僕は彼女をケイト（Kate）と呼んでいる。彼女はいろんな国の言葉を話せるんだ。
　　B：すてきね。②彼女は何ヵ国語話せるの。
　　A：3ヵ国語話せるんだよ。

2 右の図のように，$y = \dfrac{1}{4}x^2$ 上に，x 座標がそれぞ

れ−3，2である点 A，B と点 C (6，9) をとりま
す。次の問いに答えなさい。

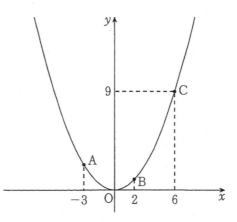

(1) 直線 AB の方程式を求めなさい。

(2) 直線 AB と y 軸の交点を P とするとき，△PBC
の面積を求めなさい。

3 右の図のように，AB＝2cm，∠A＝90°の直角二等辺三角形を
　底面とする，高さ2cmの三角柱ABCDEFがあります。辺AB，
　ACの中点をそれぞれP，Qとするとき，次の問いに答えなさい。

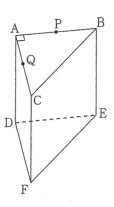

(1) 三角柱ABCDEFを3点D，P，Qを通る平面で切ったときに
　できる2つの立体のうち，小さい方の立体の体積を求めなさい。

(2) 三角柱ABCDEFを4点E，F，P，Qを通る平面で切ったと
　きにできる2つの立体のうち，小さい方の立体の体積を求めな
　さい。

4 右の図のように，y 軸上に y 座標が -6 である点 A
をとります。直線 $y=x+18$ と y 軸との交点を B,
x 軸との交点を C とするとき，次の問いに答えなさ
い。

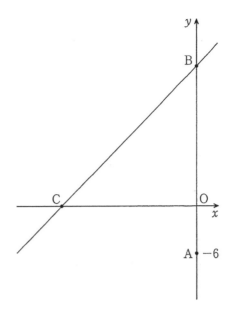

(1) 線分 BC 上に点 P を，線分 AP が x 軸により 2
等分されるようにとります。このとき，BP：PC
を最も簡単な整数比で表しなさい。

(2) 線分 BC 上に点 P をとり，点 P を通り y 軸に平
行な直線と，線分 AC との交点を Q とします。
△ABC の面積が △CPQ の面積の 16 倍であると
き，点 P の座標を求めなさい。

平成 28 年度　一般入学試験

数　　学

【注意事項】

（1）　「始め」という指示があってから、開いて始めなさい。

（2）　解答用紙に受験番号・氏名を記入しなさい。志望科・コースの欄は、志望する科・
　　　コースの□を黒くぬりつぶしなさい。

（例）

| ■ 特進・選抜コース |
| □ 普 通 コ ー ス |
| □ 科 学 技 術 科 |
| □ 情 報 科 学 科 |

（3）　試験時間は40分です。

（4）　この問題は 6 ページまであります。ページが抜けていたり、印刷の文字がはっきりして
　　　いない場合は、静かに手をあげて先生に知らせなさい。

（5）　解答はすべて解答用紙に記入しなさい。

（6）　計算は問題の余白を利用しなさい。

（7）　定規・分度器・計算機等の使用はできません。

（8）　質問のある時は静かに手をあげて、先生の指示を受けなさい。

（9）　「やめ」という指示で書くことをやめなさい。

（10）　問題は持ち帰ってください。

愛知工業大学名電高等学校

[1] 次の問いに答えなさい。

(1) $(-2)^3 \times \dfrac{1}{\sqrt{8}} - 3^2 \times \sqrt{2}$ を計算しなさい。

(2) 方程式 $(3x+1)^2 = (5x+2)(5x-2) + 6x$ を解きなさい。

(3) $x, \ y$ についての連立方程式
$$\begin{cases} ax - 2y = 3b \\ bx + 3ay = 8 \end{cases}$$
の解が $x = 2, \ y = -1$ であるとき，定数 $a, \ b$ の値を求めなさい。

(4) 長椅子が何脚か並んでいます。長椅子一脚につき 5 人ずつ座ったところ，予定より多くの人が来たので 4 人が座れなくなりました。そこで，6 人ずつ座り直すと誰も座らない長椅子が 5 脚でき，最後の長椅子には 2 人分の席が余りました。このとき，来た人の人数を求めなさい。

(5) 図は円錐の展開図で，底面の半径は 3cm，側面の扇形の中心角は 120° です。この展開図からできる円錐の体積を求めなさい。ただし，円周率を π とします。

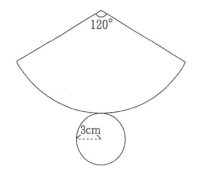

(6) 図のように，AB を直径とする円 O と，点 A で円 O と接する半径が AB より大きい円 O′ があります。点 B における円 O の接線が，円 O′ と交わる片方の点を C とします。また，円 O′ 上に ∠BAD＝10°，∠BCD＝47° となるように点 D をとります。このとき ∠ADC の大きさを求めなさい。

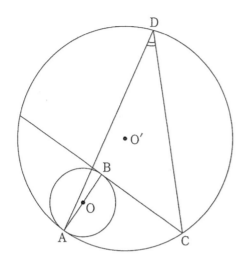

(7) 図のように，正三角形 ABC があり，頂点 A，B にそれぞれ点 X，Y があります。さいころを 1 個投げて，点 X は出た目の数だけ時計回りに頂点を移り，点 Y は出た目の数が偶数のときは頂点 A に，奇数のときは頂点 C に移ります。点 X，Y が同じ頂点にある確率を求めなさい。

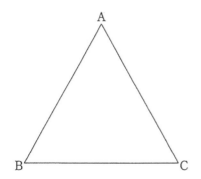

［2］ 図のように，放物線 $y = \dfrac{1}{4}x^2$ があります。この放物線上の点 A，B の x 座標をそれぞれ

−4，−2 とします。また，点 B を通り x 軸に平行な直線と，放物線との交点を C とします。
このとき，次の問いに答えなさい。ただし，原点を O とします。

(1) 直線 AC の方程式を求めなさい。

(2) 四角形 OBAC の面積を求めなさい。

(3) 原点 O を通り，四角形 OBAC の面積を二等分する直線の方程式を求めなさい。

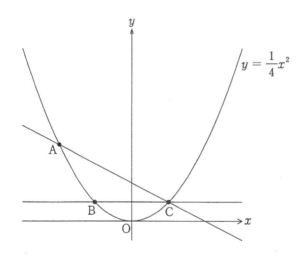

平成 28 年度　一般入学試験

英　語

【注意事項】

（1）　「始め」という指示があってから、開いて始めなさい。

（2）　解答用紙に受験番号・氏名を記入しなさい。志望科・コースの欄は、志望する科・
　　　コースの□を黒くぬりつぶしなさい。

（例）
- ■ 特進・選抜コース
- □ 普　通　コ　ー　ス
- □ 科　学　技　術　科
- □ 情　報　科　学　科

（3）　試験時間は40分です。

（4）　この問題は 8 ページまであります。ページが抜けていたり、印刷の文字がはっきりして
　　　いない場合は、静かに手をあげて先生に知らせなさい。

（5）　解答はすべて解答用紙に記入しなさい。

（6）　質問のある時は静かに手をあげて、先生の指示を受けなさい。

（7）　「やめ」という指示で書くことをやめなさい。

（8）　問題は持ち帰ってください。

愛知工業大学名電高等学校

問題は次ページから始まります。

Ⅰ. 次の文は，泰則と佳織が地図を見ながら会話をしているところです。これを読み，あとの設問に答えなさい。地図中の■印は信号機を示しています。

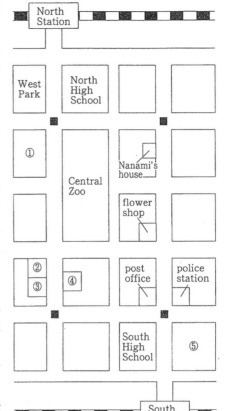

Yasunori: It is Nanami's birthday tomorrow, isn't it?

Kaori: Yes. I am looking forward to her party.

Yasunori: Me, too. Let's go to Nanami's house together tomorrow.

Kaori: OK. Where shall we meet?

Yasunori: Well... How about (A)? The station is near Nanami's house.

Kaori: You're right. We just go straight out of the station and turn left at the first traffic lights, and if we go straight to the next traffic lights and turn right, we can see her house on the right. What time shall we meet there?

Yasunori: How about 10 a.m.?

Kaori: All right. Let's meet there at 10 a.m. Oh! I forgot to buy a birthday present for her.

Yasunori: Don't worry about it. We can buy something before we meet her.

Kaori: Thank you, Yasunori. But I am going to buy flowers for her because she likes flowers. How about meeting at (B)? If we do that, we can also buy a birthday card at the post office on the way to her house.

Yasunori: That's a good idea. We need to change our meeting time. How about 9:30?

Kaori: Nice idea, but we must walk longer from the station to Nanami's house than from North Station, so how about fifteen minutes earlier?

Yasunori: Great.

Kaori: By the way, can you see something interesting on the map?

Yasunori: No, I can't. What is it?

Kaori: If we go straight from each station, we can see a high school on the left and a park on the right. If we walk more, we can see a police station on the right.

Yasunori: Oh, yes. That's interesting. Look! There is a library near Central Zoo. I like reading, so shall we go there sometime?

Kaori: All right. The restaurant at the corner is famous for hamburgers, so let's have lunch there, and then go to the ice cream shop next to the restaurant.

Yasunori: Sounds great!

Kaori:　　See you tomorrow then, Yasunori.

Yasunori: See you tomorrow, Kaori.

1.　（　A　），（　B　）に入る最も適当なものを，次のア～エから一つずつ選び，記号で答えなさ
　　い。
　　A　ア．South Station　　　　　イ．Central Zoo　　　　　ウ．North High School
　　　　エ．North Station
　　B　ア．North Station　　　　　イ．the post office　　　ウ．South Station
　　　　エ．Central Zoo

2.　泰則が下線部のように言った理由として最も適当なものを，次のア～エから一つ選び，記号で
　　答えなさい。
　　　　ア．七海と会ったあとに自分が買いに行こうと思ったから。
　　　　イ．七海と会ったあとに一緒に買いに行けばいいと思ったから。
　　　　ウ．七海と会う前に自分が買いに行こうと思ったから。
　　　　エ．七海と会う前に一緒に買いに行けばいいと思ったから。

3.　七海の誕生日パーティーへ行く待ち合わせ時間として最も適当なものを，次のア～エから一つ
　　選び，記号で答えなさい。
　　　　ア．9:15 a.m.　　　　イ．9:30 a.m.　　　　ウ．9:45 a.m.　　　　エ．10:00 a.m.

4.　地図中の①，②，③，④，⑤の建物の組み合わせとして最も適当なものを，次のア～エから一
　　つ選び，記号で答えなさい。
　　　　ア．① police station　　　② restaurant　　　③ ice cream shop
　　　　　　④ library　　　　　　⑤ East park
　　　　イ．① East Park　　　　　② restaurant　　　③ ice cream shop
　　　　　　④ library　　　　　　⑤ police station
　　　　ウ．① police station　　　② restaurant　　　③ library
　　　　　　④ ice cream shop　　⑤ East park
　　　　エ．① ice cream shop　　② police station　　③ library
　　　　　　④ restaurant　　　　⑤ East park

Ⅱ. 次の文を読み，あとの設問に答えなさい。

"I would like to make English an official language in Japan." That was my answer to the question asked by my English teacher, "What will you do, if you become Prime Minister of Japan?"

My first reason is that if we are able to speak English, we can communicate with people from other countries, and it will be useful for our business and education system. Also, most of the newest information on the Internet is written in English. If we are able to read new information written in English, we can keep a good relationship with people living in other countries all over the world.

However, something changed my mind. Last summer, I went to the U.S. to study English, and during my time there, I met a girl from Russia. One day, she asked me, "Do you want to speak English like Americans?" "Yes," I answered very quickly. In my head, I was thinking, "The English textbooks that I now use at school are all written in American English," and "American English sounds better and cooler than Japanese English." However, the Russian girl's answer to me was, "I don't think I want to speak English like an American. I am Russian, even when I am speaking English. I want to keep my accent to keep my identity as a Russian." At first I couldn't understand her feelings about the question. However, when I thought more about it, I understood that our accent is a part of our identities. When I thought about the idea of making English an official language in Japan again, a new idea came into my mind.

The Japanese people speak English with a Japanese accent, because we cannot throw away our Japanese identities. This is not a problem, and is natural. English is not only "one" English. There are many "World Englishes." For example, Chinglish is English with a Chinese accent, Manglish is English with a Malaysian accent, and Singlish is English with a Singaporean accent. Sending good messages to other people is more important than speaking English like Americans, when you speak English.

"What will you do, if you become Prime Minister of Japan?" "The Japanese people have to learn English as an official language, but we must not forget our Japanese identities when we speak English. We should communicate with people from other countries in our own English. Japanglish is good enough!" This is my new answer.

(注)　official　公式の　　　　　Prime Minister　首相　　　business　仕事
　　　education　教育　　　　　relationship　関係　　　　accent　アクセント
　　　identity　アイデンティティ

	(1)		(2)	
[2]				
	(3)			
[3]	(1)		(2)	

□ 特進・選抜コース	受験番号	氏　名	得　点
□ 普 通 コ ー ス			
□ 科 学 技 術 科			※100 点満点
□ 情 報 科 学 科			（配点非公表）

H28. 愛知工業大学名電高
Ⓚ教英出版

IV					

	1.	2.	3.	4.	5.	6.
V						

□ 特進・選抜コース □ 普 通 コ ー ス □ 科 学 技 術 科 □ 情 報 科 学 科	受験番号	氏　　名	得　点
			※100 点満点 （配点非公表）

平成 28 年度　　　一般入学試験解答用紙

英 語

I	1. A	B	2.	3.	4.

II	1. ①	②	2.	3.

III	1.	2.	3.	4. ①	②

【解答用

平成 28 年度　　　一般入学試験解答用紙

数 学

[1]	(1)		(2)	$x=$
	(3)	$a=$　　　　　　　　　　, $b=$		
	(4)	人	(5)	
	(6)	$\angle \mathrm{ADC}=$	(7)	

【解答用

1. 本文の内容に関する次の質問①，②に対する答えとして最も適当なものを，下のア〜エから一つずつ選び，記号で答えなさい。

① Why does the writer think that English should be an official language in Japan?

ア．The writer really likes English.

イ．The writer did well in English tests.

ウ．The writer wants to go to the U.S. to study English.

エ．The writer thinks that we can have a good relationship with people all over the world.

② What is "Japanglish"?

ア．It is the food that most Japanese people like.

イ．It is the sport that most Japanese people play every day.

ウ．It is the English that most Japanese people speak with their accents.

エ．It is the English that most Americans don't like.

2. 本文の内容に合うように，次の（　）に入る，c で始まる英語1語を書きなさい。

The writer's answer to the question asked by the English teacher has (　) after talking with the Russian girl.

3. 本文の内容と一致するものを，次のア〜オから一つ選び，記号で答えなさい。

ア．If we make English an official language in Japan, it will be useful for business and education.

イ．Most of the information on the Internet is written in English and French now.

ウ．The Russian girl said that she wanted to speak English like Americans.

エ．There are not many kinds of English in the world.

オ．Speaking perfect English is the most important thing when you speak English.

Ⅲ. 次の e-mail を読み，あとの設問に答えなさい。

Dear Sally,

Thank you so much for having me in your family this summer. I had a great time. I visited many beautiful places with you all. You said that you were going to stay in my city to study Japanese next year. My parents said you could stay in one of our rooms. We all welcome you. Do you know when you will come and how long you will stay?

Is it okay if you share your room with another student from your country? A study abroad agency sent us the request and her information. She speaks both English and Spanish fluently because her mother is from Mexico. Her Japanese is as good as yours. We can prepare a bed and a desk for each of you. But if you feel unhappy about that, we can ask the agency to find another homestay family for her.

Please write soon and let me know your plans. I'm so happy you are coming!

Lots of love,
Eri

Dear Eri,

Thank you so much for your e-mail. I'm very excited about coming too! Sharing a room with another American roommate sounds wonderful. I want to come in August and stay with you for 11 months. Then I will travel around Japan with my family for another month because they want to visit Japan for their summer vacation. I wanted to stay one more year at first but my parents didn't say okay. Do you think my roommate will teach me Spanish? I have always wanted to learn Spanish. Many people speak it in the southern part of our country. I'm also happy to have a friend who can share the same difficulties.

I have already chosen a school in Japan. I'll send you the name and address next time. I am looking forward to seeing you soon. Thank you!

Best wishes,
Sally

(注) agency 代理店　　　　request 依頼　　　　prepare 準備する
roommate ルームメイト　　southern 南の　　　difficulties 困難

1. 恵理がサリーに聞きたい内容として<u>あてはまらない</u>ものを，次のア〜エから一つ選び，記号で答えなさい。
  ア．日本にいつ来る予定か。   イ．もう一人の留学生と同じ言語を話せるか。
  ウ．日本にどれくらい滞在するか。 エ．もう一人の留学生と部屋を共有できるか。

2. サリーの住んでいる国を，次のア〜エから一つ選び，記号で答えなさい。
  ア．アメリカ   イ．スペイン   ウ．メキシコ   エ．日本

3. 本文の内容に関する次の問答が成立するように，（ ）に入る最も適当なものを，下のア〜エから一つ選び，記号で答えなさい。
 Q: How long will Sally stay in Japan?
 A: She will stay there for ( ).
  ア．a month イ．eleven months ウ．a year   エ．two years

4. 本文の内容と一致するものを，次の①，②のア〜エから一つずつ選び，記号で答えなさい。
 ① ア．Eri visited many beautiful places with her family this summer.
  イ．Eri's parents said that Eri and Sally could share a room.
  ウ．Sally's roommate can speak Japanese as fluently as Sally.
  エ．Sally is unhappy because she has to share her room with another roommate.
 ② ア．Sally's family wants to come to Japan for the winter vacation.
  イ．Sally wants to travel all over Japan with her roommate.
  ウ．Sally has never studied Spanish because it's not spoken in her country.
  エ．Sally has already decided what school she will go to in Japan.

Ⅳ. 次の1〜5の日本語の意味に合うように（　　）内の語句を並べかえたとき,（　　）内で2番目（②）と4番目（④）にくる語句の組み合わせとして最も適当なものを, 下のア〜エから一つずつ選び, 記号で答えなさい。ただし, 文頭にくる語も小文字で示してあります。

1. トムがなぜ学校に遅刻したのかわかりません。

   I (Tom / know / don't / late / was / why) for school.
   - ア. ② was　　　④ why　　　イ. ② was　　　④ Tom
   - ウ. ② know　　　④ Tom　　　エ. ② know　　　④ was

2. あのカメラは高すぎて彼には買えません。

   That camera (him / for / to / is / too / expensive) buy.
   - ア. ② too　　　④ expensive　　　イ. ② too　　　④ for
   - ウ. ② expensive　　　④ to　　　エ. ② expensive　　　④ for

3. 弟さんをプールに連れていってあげたらどうですか。

   (your brother / to / how / the swimming pool / about / taking)?
   - ア. ② to　　　④ taking　　　イ. ② about　　　④ your brother
   - ウ. ② your brother　　　④ to　　　エ. ② about　　　④ to

4. スイスではイタリア語とフランス語とドイツ語が使われています。

   Italian, French, (Switzerland / used / German / in / and / are).
   - ア. ② German　　　④ are　　　イ. ② in　　　④ used
   - ウ. ② and　　　④ used　　　エ. ② German　　　④ used

5. カリフォルニア州では, 運転免許証は16歳になるまで取れません。

   In the State of California, you (16 years old / cannot / a driver's license / until / get / you're).
   - ア. ② get　　　④ you're　　　イ. ② get　　　④ until
   - ウ. ② 16 years old　　　④ until　　　エ. ② until　　　④ get

V. 次の1〜6の（　　）に入る最も適当なものを，下のア〜エから一つずつ選び，記号で答え
なさい。

1. A: I am thirsty.
   B: Give me (　　) more water.
   　ア. any　　　　イ. some　　　　ウ. many　　　　エ. most

2. A: Who is Suzuki?
   B: He is a baseball player (　　) is going to play in America.
   　ア. who　　　　イ. which　　　　ウ. what　　　　エ. where

3. A: You look very sick.
   B: Go and see a doctor before (　　).
   　ア. you are not too late　　　　イ. you are too late
   　ウ. it is not too late　　　　エ. it is too late

4. A: I took a family photo in front of the lake.
   B: What a nice photo! Which one is your sister?
   A: She is the girl (　　) by my father.
   　ア. stood　　　　イ. standing　　　　ウ. who stood　　　　エ. who standing

5. A: Have you ever been to Nagashima Spa Land?
   B: No, but I really want to go there one day.
   A: We are going next Saturday. Would you like to come with us?
   B: (　　).
   　ア. I have to go now　　　　イ. I'm with you
   　ウ. I'd love to　　　　エ. That's right

6. A: Could you show me how to get to Ikeshita Station?
   B: Sure. Take Sakuradori Line to Imaike Station, and change trains there.
   A: I see. (　　) do the trains come?
   B: Every ten minutes.
   　ア. How many stops　　　　イ. When
   　ウ. How often　　　　エ. How much

【計算用紙】

〔問題は次ページに続きます。〕

［3］ 図のように，AB＝4，BC＝3で辺BCが直線上にある長方形ABCDがあります。この長方形を，右下の頂点を中心として，直線上を矢印の方向に90°ずつ回転させます。このとき，次の問いに答えなさい。ただし，円周率をπとします。

（1）最初に90°だけ回転させたとき，頂点Bが描く曲線の長さを求めなさい。

（2）頂点Bが動き始めてから，再び直線上に戻ったとき，頂点Bが描く曲線と直線とで囲まれた図形の面積を求めなさい。

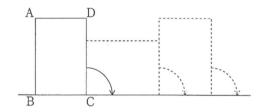

【計算用紙】

平成 27 年度　　一般入学試験解答用紙

英語

Ⅰ	1		2		3	
	4		5	①		②
Ⅱ	1		2		3	
	4		5			
	6					
Ⅲ	1		2		3	
	4	①		②		
Ⅳ	1		2		3	
	4		5			
Ⅴ	1		2		3	
	4		5			
Ⅵ	1		2		3	
	4					
Ⅶ	①		②		③	

	受験番号	氏　名	得　点
□ 特進・選抜コース □ 普通コース □ 科学技術科 □ 情報科学科			※100点満点 （配点非公表）

平成 27 年度　　一般入学試験解答用紙

数 学

[1]	(1)	(2)
	(3)	(4)
		個
	(5)	(6)
	およそ　　　　　　　　個	∠DBE =

[2]	(1)	(2)
	$a =$	
	(3)	
	:	

[3]	(1)	(2)
	∠ABD =	

[4]	(1)	(2)
	:	

	受験番号	氏　名	得　点
□ 特進・選抜コース □ 普 通 コ ー ス □ 科 学 技 術 科 □ 情 報 科 学 科			※100点満点 （配点非公表）

IV．次の1～5の（　　）に入る最も適当なものを，下のア～エから一つずつ選び，記号で答えなさい。

1．When you walk （　　） the wide street, be careful with cars coming from your right or left.
　　ア．across　　　　　　イ．after　　　　　　ウ．above　　　　　　エ．among

2．My uncle is a （　　）. He makes and sells cakes and snacks at his shop.
　　ア．carpenter　　　　イ．confectioner　　　ウ．interpreter　　　エ．pharmacist

3．When your friends are going to have a test, you say, "（　　）."
　　ア．Congratulations　イ．Good job　　　　ウ．Get well soon　　エ．Good luck

4．The （　　） month of the year is November.
　　ア．ninth　　　　　　イ．tenth　　　　　　ウ．eleventh　　　　エ．twelfth

5．If your hair doesn't look nice, you should （　　） it first.
　　ア．choose　　　　　　イ．mean　　　　　　ウ．comb　　　　　　エ．ride

V．次の1～5の各組の英文がほぼ同じ意味になるように，（　①　），（　②　）に入る語句の組み合わせとして最も適当なものを，下のア～エから一つずつ選び，記号で答えなさい。

1．I （　①　） nothing to do today.
　　I am （　②　） today.
　　ア．① am　② free　　　　　　　　イ．① am　② busy
　　ウ．① have　② free　　　　　　　　エ．① have　② busy

2．If you don't use this dictionary, it is hard to read this book.
　　Without （　①　） this dictionary, it is not （　②　） to read this book.
　　ア．① to use　② hard　　　　　　イ．① using　② easy
　　ウ．① using　② hard　　　　　　　エ．① to use　② easy

3．I was happy （　①　） the news.
　　The news （　②　） me happy.
　　ア．① hearing　② made　　　　　イ．① to hear　② took
　　ウ．① to hear　② made　　　　　　エ．① hearing　② took

4．Maria came to Nagoya six years ago, and she is still in Nagoya.
　　Maria has （　①　） in Nagoya （　②　） six years.
　　ア．① lived　② since　　　　　　イ．① been　② for
　　ウ．① come　② among　　　　　　エ．① stayed　② during

5．My father took some very beautiful pictures in Nara.
　　The pictures （　①　） by my father in Nara （　②　） very beautiful.
　　ア．① taken　② were　　　　　　イ．① which taken　② was
　　ウ．① which took　② were　　　　エ．① taking　② was

VI．次の1～4の日本語の意味に合うように（　　）内の語句を並べかえたとき，（　　）内で3番目（③）と5番目（⑤）にくる語句の組み合わせとして最も適当なものを，下のア～エから一つずつ選び，記号で答えなさい。ただし，文頭にくる語も小文字で示してあります。

1．私たちはその犬に何か食べるものをあげたかった。
　　(to / something / we / the dog / to give / eat / wanted).
　　ア．③ something　⑤ the dog　　イ．③ the dog　⑤ something
　　ウ．③ to give　⑤ something　　　エ．③ to　⑤ the dog

2．この博物館は水族館とよく間違われることを知っていますか。
　　Do you (with / confused / know / that / this museum / an aquarium / is often)?
　　ア．③ this museum　⑤ confused　イ．③ confused　⑤ with
　　ウ．③ an aquarium　⑤ that　　　エ．③ is often　⑤ confused

3．もし来週の日曜日が晴れなら，遊園地へ連れて行ってください。
　　Please (it is / take / to / if / me / sunny / the amusement park) next Sunday.
　　ア．③ to　⑤ me　　　　　　　　イ．③ to　⑤ if
　　ウ．③ the amusement park　⑤ if　エ．③ the amusement park　⑤ to

4．病院ではできるだけ静かに話すべきです。
　　You (in / should / quietly / the / talk / as / as possible) hospital.
　　ア．③ quietly　⑤ talk　　　　　イ．③ quietly　⑤ in
　　ウ．③ the　⑤ as possible　　　　エ．③ as　⑤ as possible

VII．次の日本語の意味に合うように英文を作るとき，下の ① ， ② ， ③ に入る最も適当な英語を1語ずつ書きなさい。
野生の動物の生息地は，地球温暖化のせいで小さくなっている。
The ① of wild animals is growing smaller ② of ③ warming.

Ⅲ．次の中学生の菜乃葉（Nanoha）と留学生のメアリー（Mary）との会話を読み，下の設問に答えなさい。

Nanoha: How was your summer in Japan?

Mary: My summer was O.K.

Nanoha: What did you do?

Mary: I wore a *yukata*. I danced the *Bon-odori* dance in the park near the house which I was staying in. I danced with a lot of people around the tower which stood at the center of the park.

Nanoha: Sounds good. I have danced it twice since I was a child. But I have never worn a *yukata*.

Mary: Really? My host father bought one for me and I showed ①it to my friends. I was glad to wear it. By the way, there were many stalls in the park.

Nanoha: We call them *demise*. What did you eat?

Mary: I ate cotton candy. I liked it. I enjoyed doing other things, too. For example, I did a shooting game, scooping goldfish, and throwing rings.

Nanoha: What was your favorite game?

Mary: Scooping goldfish. I needed to be so careful not to tear apart the paper. I caught twenty goldfish. I was so excited! But my host mother was a little annoyed. She said, "I have to buy a big fish tank."

Nanoha: ②I understand. My mother got angry with me once. I caught twelve goldfish two years ago, and ten more last summer, so my mother needed to buy a （ ③ ） one. My mother said, "This fish tank is too （ ④ ） to keep all of them. What shall we do?" But all of the goldfish died last winter.

Mary: That's too bad. By the way, how was your summer?

Nanoha: My summer was great.

Mary: What did you do?

Nanoha: I went to Nagasaki, and I saw *Shoro-nagashi* for the first time.

Mary: What's that?

Nanoha: It is known as a traditional *Bon* event in Nagasaki on August 15. The families of dead people carry the spirits of the dead people on boats, and send them to the sea. The boats are called *Shoro-bune*. They light a lot of firecrackers around the boats to cleanse their way.

Mary: I see. It's a Buddhist ceremony, isn't it?

Nanoha: Yes, it is. The children always enjoy playing with fireworks. And there were a lot of stalls along the street, too. We could buy our favorite food there.

Mary: Sounds interesting. I would like to see that someday.

（注） stall 露店　　　　　　cotton candy 綿あめ　　　tear apart 〜を破る　　annoyed 困惑した
　　　 fish tank 水槽　　　　spirit 魂　　　　　　　light 〜に火をつける　firecracker 爆竹
　　　 cleanse 〜を清める　　Buddhist ceremony 仏教の儀式

1．下線部①の内容として最も適当なものを，次のア〜エから一つ選び，記号で答えなさい。
　　　　ア．a yukata　　　　　　イ．Bon-odori　　　　　ウ．a stall　　　　　　エ．cotton candy

2．下線部②の理由として最も適当なものを，次のア〜エから一つ選び，記号で答えなさい。
　　　ア．菜乃葉も金魚すくいが大好きだから。
　　　イ．メアリーが金魚すくいをしているところをこっそりと見ていたから。
　　　ウ．菜乃葉にも金魚すくいについて同じような経験があったから。
　　　エ．メアリーは金魚すくいが下手だったから。

3．（ ③ ），（ ④ ）に入る語の組み合わせとして最も適当なものを，次のア〜エから一つ選び，記号で答えなさい。
　　　ア．③ bigger　④ small　　　　　　　　　　　イ．③ smaller　④ big
　　　ウ．③ bigger　④ big　　　　　　　　　　　　エ．③ smaller　④ small

4．本文の内容と一致しないものを，次の①，②のア〜エから一つずつ選び，記号で答えなさい。
　　　① ア．メアリーは夏に，盆踊りを踊った。
　　　　　イ．菜乃葉は浴衣を着て盆踊りを踊ったことがある。
　　　　　ウ．メアリーは射的や金魚すくい，輪投げなどを盆踊りの際に楽しんだ。
　　　　　エ．メアリーの一番好きな出店は金魚すくいだった。
　　　② ア．菜乃葉が2年間で22匹も金魚をすくってきたので，菜乃葉の母親は怒ってしまった。
　　　　　イ．菜乃葉は夏に，長崎に行った。
　　　　　ウ．精霊流しは静かに行われる伝統的な仏教の儀式である。
　　　　　エ．精霊流しの時にも露店がある。

Ⅱ．次の手紙を読み，下の設問に答えなさい。

August 1, 2014

Dear Cathy,

I'm having a great time in Japan with Manami. Last Sunday, I had a lot of interesting experiences. First, we got on the subway. There are no subways in ①my hometown, so it was a little strange to see dark walls through the train windows. We took the subway from Aratama Station to Imaike, and changed trains to go to Higashiyama. It took about nineteen minutes from Aratama to Higashiyama. The time was shorter than the information on the Internet said.

Higashiyama is a fun part of Nagoya. There is a famous park called Higashiyama Zoo and Botanical Gardens. People usually call it Higashiyama Koen. On Saturdays and Sundays, a lot of families and young people visit there. Manami said it was always crowded on weekends. In the zoo, we saw elephants, lions, zebras, and even koalas. She told me that Higashiyama Zoo was the first zoo to get koalas in Japan. After that we walked into the botanical gardens. We saw many kinds of trees and flowers. You can see a large greenhouse which was once called the most beautiful crystal palace in Asia. It looks like crystal. You can also see a sequoia. Though it is made of cement, it looks like a real tree. I saw another interesting thing near Higashiyama Koen. It was a very tall tower, and looked like a very big pencil. They call it Higashiyama Sky Tower. I wanted to go up to the top of it and see the view from there, but it was already closed. Manami said she would take me there someday.

Good-bye for now. Please write to me soon.

Much love,
Helen

August 10, 2014

Hi, Helen,

I'm glad that you are enjoying yourself. I remember my stay in Nagoya two years ago, and I had ②the same feeling on the subway, too. I didn't visit Higashiyama Koen, but I saw Higashiyama Sky Tower when my host family was driving me around. Then we went up the famous TV Tower in Sakae. They told me only a few people in Nagoya do.

Have you visited Nagoya Castle yet? It is one of the most beautiful castles that I have ever seen. I also walked around a large park beside Nagoya Castle. It is called Meijo Koen, and is as large as Nagoya Castle. There were a lot of trees in the park, and many people were walking, running, and riding bicycles there.

You said you are going to come back to Allentown next month. I can't wait until then. Take care.

Lots of love,
Cathy

（注） botanical 植物の greenhouse 温室 crystal 水晶 palace 御殿
sequoia セコイアの木 cement セメント top 頂上

1．下線部①の街の名前を，本文から英語1語で抜き出しなさい。

2．下線部②の内容として最も適当なものを，次のア～エから一つ選び，記号で答えなさい。
　　ア．地下鉄の乗り換えに思ったよりも時間がかかったこと。　イ．電車の揺れが少ないと感じたこと。
　　ウ．電車の窓から見える黒い壁が奇妙だったこと。　　　　　エ．名古屋の街が想像していたよりも都会だったこと。

3．ヘレンが名古屋で見ていないものを，次のア～エから一つ選び，記号で答えなさい。
　　ア．some animals in the zoo　　　　　　　　イ．a greenhouse which is made of crystal
　　ウ．a sequoia which is made of cement　　　エ．a tall tower which looks like a big pencil

4．本文の内容に関する次の問答が成立するように，（　）に入るものを，下のア～エから一つ選び，記号で答えなさい。
　　Q：When did Cathy visit Nagoya?
　　A：She visited there in the summer of（　）.
　　ア．2011　　　　　イ．2012　　　　　ウ．2013　　　　　エ．2014

5．本文の内容に関する次の問答が成立するように，（　）に入る月名を，英語で書きなさい。
　　Q：When is Helen going to go back to America?
　　A：In（　）in 2014.

6．本文の内容と一致するものを，次のア～カから二つ選び，記号で答えなさい。
　　ア．Helen's train got to Higashiyama Station sooner than the time the Internet said.
　　イ．Manami said Higashiyama Koen was always crowded every day.
　　ウ．Cathy went to Higashiyama Zoo and Botanical Gardens.
　　エ．Cathy saw Higashiyama Sky Tower from the car.
　　オ．A lot of people who live in Nagoya visit and go up TV Tower in Sakae.
　　カ．Nagoya Castle is so large that many people walk, run, and even ride bicycles in it.

平成 27 年度　　一般入学試験問題　　愛知工業大学名電高等学校

英 語　（解答はすべて別紙解答用紙に記入しなさい。）

（40分）

Ⅰ．次の文を読み，下の設問に答えなさい。

　　The hippopotamus lives around lakes and rivers in the hot parts of Africa. Hippopotamus means "river horse" in Greek. We also call it "hippo." The hippo is a mammal. This means the baby is born from its mother's body, not from an egg, and it drinks milk from its mother's body.

　　The hippo is a large animal. It is about 1.5 m tall, about 4 m long and about 4,000 kg in weight. It has a short tail, small eyes, a big mouth, and sharp teeth. Its stomach is 7 m long, and it doesn't eat meat but only plants. It is a mammal, but it spends a lot of time in the water.

　　During the day, the hippo sleeps beside rivers or lakes. Sometimes it wakes up. Its ears and eyes are on the top of its head, so when it is mostly under water, it can still see and hear. Then, it goes under water to get cool and eat some plants. It can close its nose and stay under water for ten minutes. The hippo can't swim. It pushes against the ground of the river with its legs to move around in the river.

　　In the evening, the hippo moves from water to land and walks to look for short grass, its main food. It never goes very far from the water. People think the hippo is not a fast-moving animal, but it can run 48 km an hour. The hippo can eat 40 kg of grass a night. After that, it goes back to the rivers or lakes.

　　The baby hippo is born in the rainy season. Though it is a very large animal, its gestation period is just eight months. This is shorter than the human gestation period, but the baby hippo is as large as ten human babies.

（注）　hippopotamus カバ　　　　Greek ギリシア語　　　　tail 尻尾　　　　　　　　sharp 鋭い
　　　　mostly ほとんど　　　　　push 押す　　　　　　　gestation period 妊娠期間　　human 人間の

1．下線部の例として最も適当なものを，次のア～エから一つ選び，記号で答えなさい。
　　　ア．ant　　　　　　　　イ．chicken　　　　　　ウ．octopus　　　　　　エ．rabbit

2．本文の内容と一致するように次の（　　）内に入る最も適当なものを，下のア～エから一つ選び，記号で答えなさい。
　　The hippopotamus is a tall, (　　) animal.
　　　ア．long and light　　　イ．short and heavy　　ウ．long and heavy　　エ．short and light

3．本文の内容に関する次の質問に対する答えとして最も適当なものを，下のア～エから一つ選び，記号で答えなさい。
　　How can the hippo stay underwater for a long time?
　　　ア．It opens its eyes.　　イ．It closes its eyes.　　ウ．It closes its ears.　　エ．It closes its nose.

4．本文の内容に関する次の質問に対する答えとして最も適当なものを，下のア～エから一つ選び，記号で答えなさい。
　　How does the hippo move around in the river?
　　　ア．It walks on the water of the river.　　　　イ．It swims in the river.
　　　ウ．It pushes against the ground of the river.　エ．It pushes the water in the river.

5．本文の内容と一致するものを，次の①，②のア～エから一つずつ選び，記号で答えなさい。
　　① ア．The hippo lives near lakes and seas in Africa.
　　　　イ．The hippo does not sleep during most of the day.
　　　　ウ．The hippo does not eat other animals, but it eats grass.
　　　　エ．The hippo sometimes goes very far from the water.
　　② ア．The hippo never eats food in the water.
　　　　イ．People think that the hippo moves slowly.
　　　　ウ．The gestation period of a hippo is just ninety days.
　　　　エ．A baby hippo is shorter than a human baby.

［2］右の図のように，点 A（−4, 4）を通る放物線 $y = ax^2$ が
あります。この放物線上に，x 座標が 1 である点 B と，
x 座標が −2 である点 C をとります。また，y 軸について
点 A と対称な点 D をとります。このとき，次の問いに答
えなさい。

(1) a の値を求めなさい。

(2) 直線 AB の式を求めなさい。

(3) △ACB と △ABD の面積比を最も簡単な整数の比で表
しなさい。

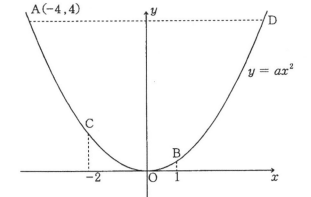

［3］右の図のように，円周上に 3 点 A, B, C を AB＝AC＝4，
∠ACB ＝ 75° となるようにとります。また $\overset{\frown}{BC} = 2\overset{\frown}{CD}$ と
なるように，点 B を含まない弧 AC 上に点 D をとります。
このとき，次の問いに答えなさい。

(1) ∠ABD の大きさを求めなさい。

(2) 四角形 ABCD の面積を求めなさい。

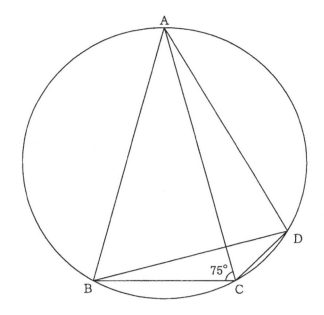

［4］右の図のように，∠E ＝ 90° の直角三角形 DEF を底面とす
る三角柱 ABCDEF があります。辺 DE，DF の中点をそれ
ぞれ G，H とするとき，次の問いに答えなさい。

(1) 三角錐 ADGH と三角柱 ABCDEF の体積比を，最も簡
単な整数の比で表しなさい。

(2) DE＝5，DF＝13，AD＝6 とします。点 D から △AGH
に垂線をひくとき，この垂線の長さを求めなさい。

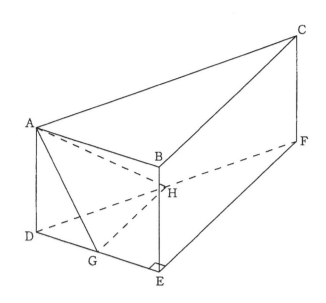

平成 27 年度　　一般入学試験問題　　愛知工業大学名電高等学校

数 学　（解答はすべて別紙解答用紙に記入しなさい。）

（40分）

[1] 次の問いに答えなさい。

(1) $(\sqrt{7}+\sqrt{2})^2(\sqrt{7}-\sqrt{2})^2-5(\sqrt{3}+\sqrt{2})^2$ を計算しなさい。

(2) $xy+z-xz-y$ を因数分解しなさい。

(3) 2次方程式 $(x-1)(3x+1)=(x-1)(x-2)$ を解きなさい。

(4) 税抜き価格が1個320円のケーキと，1個120円のシュークリームを合わせて20個買いました。消費税が8%になったため，消費税が5%のときに比べ，税込みで支払う金額は120円増えました。買ったケーキの個数を求めなさい。

(5) 赤玉，青玉，黄玉が合わせて500個はいっている箱があります。この箱から標本として20個の玉を無作為に取り出して，それぞれの色の玉の個数を数えてもとに戻しました。この作業を5回繰り返した結果が下の表です。赤玉はおよそ何個と推測されるかを求めなさい。

	1回目	2回目	3回目	4回目	5回目
赤	7	9	5	6	3
青	5	5	4	7	9
黄	8	6	11	7	8

(6) 右の図のように，△ABC の ∠A の二等分線と ∠B の二等分線との交点を D とします。さらに，3 点 A，B，C を通る円と直線 AD との交点のうち，点 A でない方を E とします。∠AEB = 45°，∠AEC = 75° であるとき，∠DBE の大きさを求めなさい。

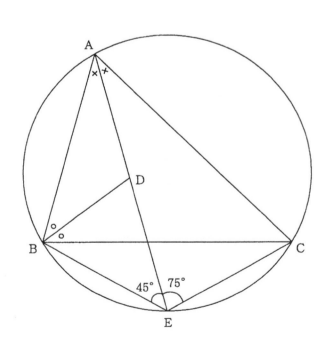

平成 26 年度 　　一般入学試験問題 　　愛知工業大学名電高等学校

数 学 （解答はすべて別紙解答用紙に記入しなさい。）

(40分)

[1] 次の問いに答えなさい。

(1) $\left(\dfrac{\sqrt{3}}{2}-2\right)^2+\dfrac{6}{\sqrt{3}}+\left(-\dfrac{1}{2}\right)^2$ を計算しなさい。

(2) $x+2y=5$ のとき，$2x^2+8xy+8y^2$ の値を求めなさい。

(3) 正 n 角形の各頂点における内角の大きさが外角の大きさより $90°$ 大きいとき，n の値を求めなさい。

(4) 2 つの同じ重さのコップ A，B に水が入っています。A から B へ 40g の水をうつすと A と B のコップを含めた重さの比は 5：4 から 5：6 へ変わり，入っている水の量は B が A の 3 倍になりました。コップ 1 個の重さが何 g になるか求めなさい。

(5) 男子 4 人，女子 3 人の中から 2 人の代表をくじびきで選びます。代表に男女 1 人ずつが選ばれる確率を求めなさい。

(6) 右の図のように，同一円周上に 4 点 A，B，C，D をとり，線分 AC と BD の交点を E とします。$\overset{\frown}{AB}=\overset{\frown}{DA}$，$\overset{\frown}{DC}:\overset{\frown}{DA}=1:2$，$\angle BAC=75°$ のとき，$\angle AEB$ の大きさを求めなさい。

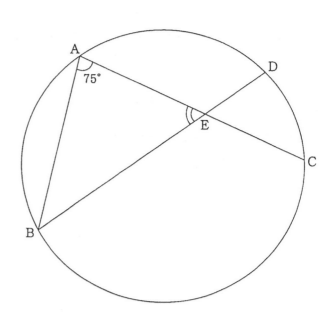

[2] 右の図のように，線分 AB を直径とする半円 O があります。

弧 AB 上に，点 C を $\overarc{AC} = \overarc{BC}$ となるようにとり，直径 AB が点 C を通るように折り返したとき，折り目を AD とします。このとき，次の問いに答えなさい。

(1) ∠ABD の大きさを求めなさい。

(2) AB＝2 とするとき，折り返した部分（図の斜線部分）の面積を求めなさい。ただし，円周率は π とします。

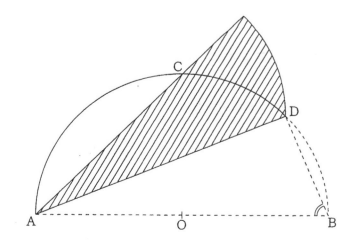

[3] 右の図のように，放物線 $y = ax^2 (a > 0)$ と直線 $y = bx + 3$ との交点を A，B とします。このとき，次の問いに答えなさい。

(1) 点 A の座標が $\left(-\dfrac{1}{2}, \dfrac{3}{4}\right)$ のとき，a，b の値を求めなさい。

(2) 点 A の x 座標が -1，点 B の x 座標が 2 であるとき，点 B の y 座標を求めなさい。

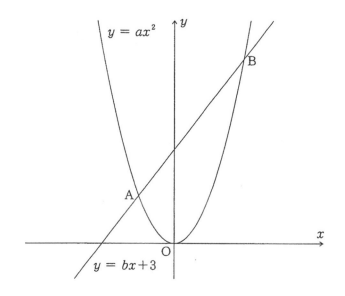

[4] 右の図のように，すべての辺の長さが 4 である四面体 ABCD があります。辺 BC，DB 上にそれぞれ点 E，F を EC＝3BE，FB＝3DF となるようにとるとき，次の問いに答えなさい。

(1) 四面体 ABCD の表面積を求めなさい。

(2) 四角錐 ACDFE の体積は四面体 ABCD の体積の何倍になるか求めなさい。

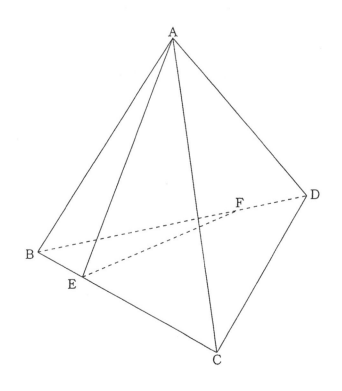

平成 26 年度　　一般入学試験問題　　愛知工業大学名電高等学校

英 語 （解答はすべて別紙解答用紙に記入しなさい。）

（40分）

I．次の文を読み，下の設問に答えなさい。

After the good king Uther died, a stone appeared outside the castle. A sword was stuck into the stone, and some words were written on the stone.

I am Excalibur. I am the sword in the stone. If you can pull me out, you will be king.

Many people tried to pull out the sword from the stone, and the strongest knights came from all over the country to try. But no one could do it, and there was no king for a long time.

One day, all the best knights of the country came together at the castle for a tournament. Kay, one of the knights, broke his sword when he was fighting. He (①) a boy to his house to get another sword. The boy's name was Arthur. He couldn't find another sword at the house. He was (②) of going back without a sword. And then he saw the sword in the stone near the castle. He tried to take the sword without reading the words on the stone. It was easy for him to do so, and he brought it to Kay.

All the knights at the tournament were very surprised to see the sword brought by the boy. "Tell us who gave you the sword. He is going to be the new king of our country!" When Arthur told them that he pulled it out by himself, they laughed. Kay thought that it was a chance to become the new king. He returned the sword to the stone and tried to pull it out again, but the sword stayed in the stone. All the knights tried to do it, but they (③). So they brought little Arthur to the sword again. Then, before all their eyes, Arthur pulled out Excalibur from the stone again.

"You're the new king!" All the knights agreed, and Arthur became the new king.

（注）　sword 剣　　　stuck stick（突き刺す）の過去分詞　　　pull ～out ～を引き抜く　　　knight 騎士
　　　　tournament トーナメント

1．(①), (②) に入る語の組み合わせとして最も適当なものを，次のア～エから一つ選び，記号で答えなさい。
　　ア．① sent　② afraid　　　　　　　　　イ．① called　② afraid
　　ウ．① sent　② sad　　　　　　　　　　エ．① called　② sad

2．(③) に入る最も適当な語を，本文から英語一語で抜き出しなさい。

3．次の英語の質問に対する答えとして最も適当なものを，下のア～エから一つずつ選び，記号で答えなさい。
　　(1) What is the name of the sword in the stone?
　　　　ア．Uther　　　　　　イ．Arthur　　　　　　ウ．Excalibur　　　　　　エ．Kay
　　(2) Why did the knights from all over the country come to the stone?
　　　　ア．Because the sword was stuck in the stone.
　　　　イ．Because the man who got the sword in the stone could be king.
　　　　ウ．Because the sword in the stone would be given by the king Uther.
　　　　エ．Because the man who got the sword in the stone could win the tournament.

4．この文章の題名として最も適当なものを，次のア～エから一つ選び，記号で答えなさい。
　　ア．A Strong Knight　　　　　　　　　　イ．A New Country
　　ウ．The Tournament for the King　　　　エ．The Sword in the Stone

5．本文の内容と一致するものを，次のア～カから二つ選び，記号で答えなさい。
　　ア．Arthur didn't read the words on the stone and was able to pull out the sword.
　　イ．Kay pulled out the sword after Arthur did.
　　ウ．Kay was stronger than any other knight at the tournament.
　　エ．Arthur won the tournament and became the new king.
　　オ．Kay wanted to become the new king.
　　カ．Arthur was able to pull out the sword only once.

Ⅱ. 次の文を読み，下の設問に答えなさい。

When I was young, I didn't like studying. I hoped to leave school sooner to have my own life. There were two things young girls could do in our small town in Russia. One was to work in the factory there, and the other was to get married. I hoped to work at the factory. I thought my father would get angry if I told him this. He would say, "No, Anna! Nina and you are going to college." After my mother died when we were babies, my father decided to make us happy. He always told us to go to college and study.

One day when I was a high school student, I told my father about ①my hope. He thought for a short time, and said with a smile, "OK, Anna. Let's go to the factory tomorrow. I'll call and ask them now." I was glad to hear that.

I thought working in a factory would be cool. I imagined everyone would be working together, and having fun. There would be music inside. It would be more fun than studying at school.

The next day my father took me to the factory. A man working there came and showed me around the factory. He explained a lot of things in the factory, but sometimes I couldn't hear him because of the loud noise of the machines. There was no music there. The people working there were not talking or smiling. They were working quietly just like machines, and looked tired. It was so terrible that I didn't think I could work there. I ran back to my father and said, "I want to go home."

On our way home my father asked me, "How do you like the factory?"

②"Well...," I didn't answer.

From the next day I began to study hard. I enjoyed studying English, and began to think of getting into a good college in the United States. I was afraid that Nina would follow me, and my father would be all alone at home and feel lonely if we left him in Russia.

One day when I was eighteen years old, I told my father and Nina about my dream of studying in the States. They looked a little surprised, but my father told us about our mother. She told him once about her best experience of studying at the university in France — one of the best experiences in her life. He said ③ .

Now Nina and I study at a university in California. My father says he's proud of us, but I'm proud of my father because he took me to the factory at that time.

（注）　get married 結婚する　　noise 騒音

1．下線部①の表す内容として最も適当なものを，次のア～エから一つ選び，記号で答えなさい。
　　ア．家計を助けるためにお父さんの手伝いをすること。　　イ．大学へ進学すること。
　　ウ．学校を退学して，働くこと。　　　　　　　　　　　　エ．ニーナと2人で外国に移住すること。

2．下線部②の時のアンナの気持ちを表す最も適当なものを，次のア～エから一つ選び，記号で答えなさい。
　　ア．自分の考えは間違っていた。　　　　　　　　イ．お父さんの考えは間違っていた。
　　ウ．十分に満足な内容だった。　　　　　　　　　エ．働く気持ちがますます強くなった。

3．③ に入る最も適当なものを，次のア～エから一つ選び，記号で答えなさい。
　　ア．getting married soon after finishing high school was nice
　　イ．working at the factory was one of her good experiences, too
　　ウ．studying in a foreign country would make me happier than working in the factory
　　エ．both working at the factory and studying at college were good experiences for her

4．次の問答の（　　）に入る最も適当なものを，下のア～エから一つ選び，記号で答えなさい。
　　Q: What did Anna's father really want her to do?
　　A: He wanted her to (　　).
　　ア．enjoy working in the factory　　　　　イ．study at college
　　ウ．live alone happily　　　　　　　　　　エ．go to the United States

5．次の問答の（　①　），（　②　）に入る数字を，それぞれ英語で書きなさい。
　　Q: Why was Anna afraid of going to the United States?
　　A: Because there were (　①　) people in her family, and only (　②　) would be left at home.

6．本文の内容と一致するものを，次のア～カから二つ選び，記号で答えなさい。
　　ア．At first Anna wanted to work more than she wanted to study.
　　イ．Anna wanted her father to work at the factory.
　　ウ．Anna's father called the factory after they left home.
　　エ．The people in the factory were working happily with music.
　　オ．There were a lot of quiet machines in the factory.
　　カ．Anna's mother was once a student at a university in France.

Ⅲ. 次の文を読み，下の設問に答えなさい。

People like to plan a surprise for a special person on their important day. But not all the surprises finish as they are planned. Here is a good example.

Susan and Mike were on summer vacation in Singapore in the week of Mike's birthday. "Have the best view for the (①) — and a great (②) with your friends." She saw the advertisement on a train and thought, "I have two more days before Mike's birthday." She decided to make a reservation for dinner without telling him anything about the restaurant. She thought the plan would go well.

On his birthday, Susan and Mike enjoyed shopping at the shopping mall. After that, they were going to catch a taxi to the restaurant, but they could not find a taxi for over an hour. It was already 8 p.m.

"We're late. We should take the train. Come on!" Susan suddenly started running.

"Wait. Where are you planning to go? Tell me," Mike asked and began to run, too.

"No, I can't. It's a surprise. Oh no! I can't get on the train. I need change." She stopped at a coffee shop and bought a hot coffee to make change.

"Susan, what are you doing?" She noticed that he looked a little ③mad. They didn't talk to each other for some time. When they got to the restaurant, the fireworks were already over.

Susan opened her mouth to talk.

"I am so sorry. I just wanted to make you happy. But I only made you angry." She started to cry.

"I was only angry because you tried to do everything alone. You didn't share the problem with me. I'm here to help you, OK?" He was not angry anymore.

"You are so nice. But don't you hate me now? You didn't enjoy your birthday, did you?"

"I will never hate you, but I was surprised at one thing."

"What was that?"

"What did you get at the shop? It's 35℃ outside. I wanted some ice cream," he smiled and said, "④That was a surprise to me."

She remembered the paper cup. She was still holding it.

"I didn't even care because ⑤ ."

"It's OK," he took the cup and drank the coffee. "Thanks for giving me the most fun surprise ever."

1．(①)，(②)に入る語の組み合わせとして最も適当なものを，次のア～エから一つ選び，記号で答えなさい。
    ア．① restaurant ② dinner   イ．① fireworks ② dinner
    ウ．① restaurant ② lunch   エ．① fireworks ② lunch

2．下線部③の語に意味が最も近いものを，本文から英語一語で抜き出しなさい。

3．下線部④の表す内容として最も適当なものを，次のア～エから一つ選び，記号で答えなさい。
    ア．シンガポールの気温が高いこと。
    イ．スーザンがホットコーヒーを買ったこと。
    ウ．マイクがアイスクリームを欲しかったこと。
    エ．スーザンがまだ紙コップを持っていたこと。

4．⑤ に入る最も適当なものを，次のア～エから一つ選び，記号で答えなさい。
    ア．I liked the weather in Singapore
    イ．I had to change your mind
    ウ．I just needed change
    エ．I wanted something to drink

5．本文の内容と一致するものを，次のア～カから二つ選び，記号で答えなさい。
    ア．Susan had two more weeks before Mike's birthday when she saw the advertisement.
    イ．It was already eight o'clock when Susan and Mike started to look for a taxi.
    ウ．Susan and Mike enjoyed dinner and the fireworks at the restaurant.
    エ．Mike was angry at Susan because she didn't ask him for help.
    オ．Mike was angry at Susan because he didn't like surprises.
    カ．Susan's birthday surprise didn't go well, but it was fun for Mike.

Ⅳ. 次の1～4の質問の答えとして最も適当なものを，下のア～エから一つずつ選び，記号で答えなさい。

1. Which club activity do you choose if you want to write beautiful Japanese letters on a piece of paper?
  ア．the photography club   イ．the astronomy club
  ウ．the calligraphy club   エ．the handicrafts club

2. On New Year's Day, a lot of people visit a special place which they don't usually visit on other days. They wish for health and happiness there. What is this place called?
  ア．an assembly イ．a shrine ウ．a post office エ．a graduation ceremony

3. When you help someone and the person says "Thank you," which is not a good answer?
  ア．No problem. イ．You're welcome. ウ．My pleasure. エ．Congratulations.

4. The first Tokyo Olympic Games were held in 1964. Mr. Okada was born in that year. The second Tokyo Olympic Games will be held in 2020. How old will Mr. Okada be then?
  ア．thirty-six years old イ．forty-six years old ウ．fifty-six years old エ．sixty-six years old

Ⅴ. 次の1～4の各組の英文がほぼ同じ意味になるように，(①)，(②)に入る語句の組み合わせとして最も適当なものを，下のア～エから一つずつ選び，記号で答えなさい。

1. Henry gets up later than his mother.
 Henry's mother gets up (①) (②) Henry.
  ア．① as early ② as   イ．① earlier ② than
  ウ．① as fast ② as   エ．① faster ② than

2. We can see stars at night.
 Stars can (①) (②) at night.
  ア．① be ② seeing   イ．① have ② seeing
  ウ．① be ② seen   エ．① have ② seen

3. There is a lot of information in this dictionary, so I was surprised.
 This dictionary (①) so (②) information that I was surprised.
  ア．① has ② much   イ．① is ② much
  ウ．① has ② many   エ．① is ② many

4. My uncle living in Nagoya will take me to Nagoya Dome next month.
 My uncle (①) (②) in Nagoya will take me to Nagoya Dome next month.
  ア．① that ② living   イ．① that ② are lived
  ウ．① who ② lives   エ．① who ② live

Ⅵ. 次の1～4の日本語の意味に合うように( )内の語句を並べかえたとき，( )内で3番目と5番目にくるものを，下のア～キから一つずつ選び，記号で答えなさい。ただし，文頭に来る語も小文字で示してあります。

1. 働きすぎは健康に良くありません。
 (ア．for イ．working ウ．good エ．too オ．is カ．hard キ．not) the health.

2. まだ彼らが朝食を食べていないなら，何か作ってあげます。
 I (ア．if イ．will ウ．make エ．haven't オ．they カ．them キ．something) had breakfast yet.

3. 君たちが彼の意見を理解することは難しかったですか。
 Was it (ア．you イ．understand ウ．to エ．difficult オ．opinion カ．for キ．his)?

4. 私は山に囲まれた小さな村の出身です。
 I'm (ア．surrounded イ．a small village ウ．is エ．mountains オ．from カ．by キ．which).

Ⅶ. 次の日本語の意味に合うように英文を作るとき，下の ① ， ② ， ③ に入る最も適当な英語を一語ずつ書きなさい。
 父は時々私に，音楽だけでなく英語も教えてくれる。
 My father sometimes ① me not ② music but ③ English.

平成26年度　　一般入学試験解答用紙

数学

	(1)	(2)
[1]		
	(3)	(4)
	$n =$	g
	(5)	(6)
		$\angle AEB =$

	(1)	(2)
[2]	$\angle ABD =$	

	(1)	(2)
[3]	$a = \qquad , b =$	$y =$

	(1)	(2)
[4]		倍

□ 特進・選抜コース □ 普 通 コ ー ス □ 科 学 技 術 科 □ 情 報 科 学 科	受験番号	氏　名	得　点
			※100点満点 （配点非公表）

平成 26 年度　　一般入学試験解答用紙

英　語

I	1			2				
	3	(1)		(2)		4		
	5	解答1		解答2				
II	1			2		3		
	4			5	①	②		
	6	解答1		解答2				
III	1			2				
	3			4				
	5	解答1		解答2				
IV	1			2				
	3			4				
V	1			2				
	3			4				
VI	1	3番目		5番目				
	2	3番目		5番目				
	3	3番目		5番目				
	4	3番目		5番目				
VII	①		②		③			

□ 特進・選抜コース □ 普 通 コ ー ス □ 科 学 技 術 科 □ 情 報 科 学 科	受験番号	氏　　名	得　点
			※100点満点 （配点非公表）

平成 25 年度　　一般入学試験問題　　愛知工業大学名電高等学校

数 学　（解答はすべて別紙解答用紙に記入しなさい。）

(40分)

[1] 次の問いに答えなさい。

(1) $3\sqrt{10} \times \sqrt{5} + \dfrac{4}{\sqrt{2}} - \sqrt{98}$ を計算しなさい。

(2) $2x(y-2) + 6 - 3y$ を因数分解しなさい。

(3) $x = -\dfrac{1}{2}$, $y = \dfrac{3}{4}$ のとき, $x^2 y^3 \div (xy^2)^3 \times y^4$ の値を求めなさい。

(4) 十の位の数と一の位の数の差が 2 である 2 けたの自然数があります。十の位の数と一の位の数の積と, もとの数との和が 50 のとき, もとの数をすべて求めなさい。

(5) 右の図のように, 点 A, B, C, D は同一円周上にあります。線分 AD の D 側への延長線と, 線分 BC の C 側への延長線の交点を E とします。また, 線分 AC と BD の交点を F とします。$\angle AFB = 70°$, $\angle AEB = 20°$ のとき, $\overset{\frown}{AB} : \overset{\frown}{DC}$ を最も簡単な整数比で表しなさい。

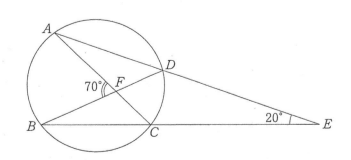

(6) 白玉だけがたくさんはいっている箱に 600 個の赤玉を入れてよくかきまぜます。その箱から無作為に 50 個の玉を取り出し, 赤玉の数を調べたところ 15 個でした。もともと箱にはいっていた白玉の個数は, およそ何個と推測されるか求めなさい。

［2］右の図のように，母線の長さが a，底面の半径が b である
円錐の展開図があります。この展開図のおうぎ形の面積を
S，弧の長さを ℓ，中心角の大きさを x° とするとき，次の
問いに答えなさい。ただし，円周率を π とします。

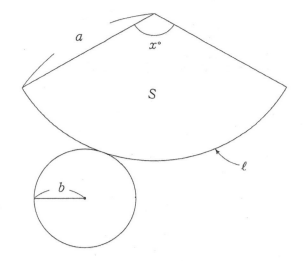

(1) S を，a と x を用いて表しなさい。

(2) ℓ を，a と x を用いて表しなさい。

(3) S を，a と b を用いて表しなさい。

［3］右の図のように，放物線 $y = \dfrac{1}{2}x^2$ 上に x 座標が正であ
る点 A があります。点 A より上側に x 軸と平行な直線
を引き，直線と y 軸との交点を B，放物線との交点で x
座標が正である点を C とします。$\triangle ABC$ が $\angle A = 90^\circ$
の直角二等辺三角形であるとき，次の問いに答えなさい。
ただし，円周率を π とします。

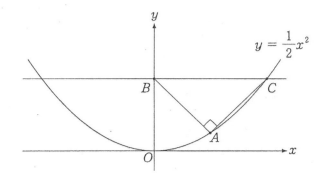

(1) 点 A の座標を求めなさい。

(2) $\triangle ABC$ を y 軸の周りに一回転させてできる立体の体
積を求めなさい。

［4］座標平面上に，3 点 $A(0, a)$，$B(2, 3)$，$D(8, 0)$ があります。四角形 $ABCD$ が平行四辺形となるように点 C をとるとき，
次の問いに答えなさい。

(1) 点 C の y 座標を a を用いて表しなさい。

(2) 平行四辺形 $ABCD$ の面積が 30 のとき，a の値を求めなさい。ただし，$a > 0$ とします。

平成 25 年度　　一般入学試験問題　　愛知工業大学名電高等学校

英　語　　（解答はすべて別紙解答用紙に記入しなさい。）

（40分）

Ⅰ．次の文を読み，下の設問に答えなさい。

In many families today, both the mother and father have jobs in companies. There are a lot of working parents now. They can make more money to live, but it may be difficult for them to have enough time to spend with their children. So, to help such parents, some companies are changing the work rules. These companies are trying to be more ①family-friendly.

What are companies doing to become family-friendly? In many companies, workers can choose when to work. This is called flexible hours. With flexible hours, they can work ②full time, but they don't have to work 9 to 5. If they work 8 hours every day on average, they can get a good salary. Some workers choose to come in (③) and leave early. Others choose to come in late. Some workers choose to work 10 hours one day and 6 hours the next day. Most companies say that flexible hours are a very good working system. In the United States, about 33% of full-time workers work on flexible hours.

Some family-friendly companies have a job sharing system. On this system, for example, two workers do one job. Each worker does half of the job and gets half of the salary. This type of work system is useful for both workers and companies. Companies pay less money and workers have (④) time for their children. In the United States, 27% of companies give workers some kind of job sharing.

Many family-friendly companies also give days off with pay to parents when a baby is born. In some countries, women get days off with pay after the birth of a child, and in other countries they get days off without pay. In the United States, for example, woman workers get 12 weeks of days off without pay. They can stay home, but they don't get their salary. In Finland, both men and women get days off with pay. Women get 105 days off and men get 42.

There are many kinds of working systems and workers can choose from them. For many people, this is a good thing.

（注）　on average　平均して　　salary　給料　　　　system　制度　　　　　　　pay 〜　〜を支払う
　　　　days off　休暇　　　　with pay　給料をもらって　　without pay　給料なしで

1．下線部①に意味が最も近いものを，次のア〜エから一つ選び，記号で答えなさい。
　　ア．友人の多い家庭のような　　　　　　　　　イ．仲の良い家族のような
　　ウ．家族のように優しい　　　　　　　　　　　エ．家庭に配慮した

2．下線部②は何時間のことか，数字を英語1語で書きなさい。ただし小文字で始めること。

3．(③)，(④) に入る語の組み合わせとして最も適当なものを，次のア〜エから一つ選び，記号で答えなさい。
　　ア．③ early　　④ more　　　　　　　　　イ．③ early　　④ less
　　ウ．③ late　　④ more　　　　　　　　　　エ．③ late　　④ less

4．本文に書かれていないものを，次のア〜エから一つ選び，記号で答えなさい。
　　ア．仕事の共有　　　　イ．時差勤務　　　　ウ．自宅労働　　　　　　エ．育児休暇

5．本文の内容と一致するものを，次のア〜カから二つ選び，記号で答えなさい。
　　ア．Family-friendly companies are trying to help only working women.
　　イ．Workers have to work full time with flexible hours.
　　ウ．If you work on a job sharing system, you have to do two kinds of jobs.
　　エ．27% of workers work on job sharing in the United States.
　　オ．In the United States, woman workers get 84 days off with no pay.
　　カ．In Finland, women get more than twice the number of days off than men when a baby is born.

Ⅱ. 次の文を読み，下の設問に答えなさい。

　　I am Yume Sakurai. I am twenty years old. I often went to Sunset Beach when I was a junior high school student. I liked to sit on the beach alone. But now I am happy to be with a friend of mine there. Let me tell you my story.

　　One day in the morning, I was studying science at school. Suddenly I got a stomachache. I thought that it was because I drank too much water before the class started. When I got home, I still had it. So I said to my mother, "I had a stomachache at school and it still hurts." My mother quickly took me to a (　①　) near my house by car. When my doctor told me to enter the hospital, I could not believe it. I had ②a bad disease. I didn't know what happened. I didn't know what to do.

　　I was in hospital for five years. Life in hospital was very hard. I had to take many kinds of medicine every day. I had a headache because of the medicine. I sometimes threw up and lost all of my hair. Perhaps I couldn't fight my disease alone. But I had a happy time with my new friend. Her name was Saki. She was fourteen years old too, and had the same disease as I did. So ③we understood each other well. We talked together every day because we were in the same room in hospital. Saki taught me the words, "Hope for the best." These words made me strong. We fought our disease and got through ④that hard time together. After I was out of hospital, I was told the name of the disease by my mother. It was cancer.

　　Now Saki and I are best friends. When we have something to do, we always do it together. We go to Sunset Beach together. I enjoy sitting there with her.

（注）　beach　浜　　　　stomachache　腹痛　　　　disease　病気　　　　medicine　薬　　　　throw up　吐く
　　　　get through ～　　～を乗り越える

1．（　①　）内に入る最も適当なものを，次のア〜エから一つ選び，記号で答えなさい。
　　　　ア．station　　　　　　　　イ．hospital　　　　　　　ウ．school　　　　　　　エ．bank
2．下線部②の内容を本文から英語1語で抜き出しなさい。
3．下線部③の理由として最も適当なものを，次のア〜エから一つ選び，記号で答えなさい。
　　　　ア．紗希も優芽も当時20歳だったから
　　　　イ．紗希と優芽は海に行くのが好きだったから
　　　　ウ．紗希も優芽と同じ境遇だったから
　　　　エ．紗希は優芽の親友だったから
4．下線部④の内容として適当でないものを，次のア〜エから一つ選び，記号で答えなさい。
　　　　ア．頭痛を伴う薬を飲まなければならないこと
　　　　イ．ときどき吐いてしまうこと
　　　　ウ．髪の毛がすべて抜けてしまうこと
　　　　エ．めまいがすること
5．本文の内容と一致するものを，次のア〜カから二つ選び，記号で答えなさい。
　　　　ア．Yume didn't know that she had a bad disease at the science class.
　　　　イ．The doctor told Yume the name of her disease when he saw her.
　　　　ウ．Saki entered the hospital before Yume entered it.
　　　　エ．Yume decided to talk to Saki when she knew the name of her disease.
　　　　オ．The words Yume told Saki were a great help for her to get through the disease.
　　　　カ．Yume went to Sunset Beach alone, but now she goes there with her best friend.

Ⅲ. 次の文を読み，下の設問に答えなさい。

"Hey, Ann," someone called me when I was on the school bus. "Did you finish your math homework?" It was Judy.

"Yes," I said, "it was very difficult."

She was just a classmate, and I didn't think she was a friend. "Will you show me your answers?"

"I can't...," I said.

"But I didn't finish ①mine. Please help me."

Fourth grade math was not easy. It was my worst subject.

"I can't," I said and walked away.

"I need you!"

I didn't look back. I knew if I saw someone's answers, that was ②cheating. But if I showed her my answers, was that cheating too?

Before the first class, I came into the classroom and saw Judy with her best friend. She looked at me and said something to her.

Then, they went up to other girls and began to talk. "I asked her and ③she said no!"

"How selfish!"

"Don't talk to her anymore."

"Sure."

At lunch time, my school friends didn't talk to me. I still had a little time to show her my answers before the math class began. I wanted to talk to them, but I didn't want to show Judy my answers. While I was thinking, some girls showed her their answers and she finished her homework.

That night, when I was in bed, I remembered my best friend Lisa. In the second grade, it was difficult for me to learn how to tell the time. Lisa helped me to understand how to tell the time then. She didn't give me the answers. She showed me how to find them. I had to find the answers. That wasn't cheating. ④That wasn't the kind of help Judy asked from me.

A few days later, my classmates started to talk to me again.

Judy never liked me again, because I didn't help her. That wasn't a big problem for me. I was happy because ☐☐☐☐☐.

（注） selfish 自分勝手な　　　while ～ ～している間　　　tell the time 時計の時間を読む

1. 下線部①の意味するものを，英語３語で書きかえなさい。ただし小文字で始めること。

2. 下線部②の意味として最も適当なものを，次のア〜エから一つ選び，記号で答えなさい。
   ア．安価　　　　　　イ．不正　　　　　　ウ．援助　　　　　　エ．心配

3. 下線部③の内容として最も適当なものを，次のア〜エから一つ選び，記号で答えなさい。
   ア．Judy said she couldn't show Ann her homework.
   イ．Ann said she had no homework.
   ウ．Ann said she couldn't help Judy.
   エ．Judy said she couldn't finish her homework.

4. 下線部④の内容として最も適当なものを，次のア〜エから一つ選び，記号で答えなさい。
   ア．答えを見せること　　　　　　　　　　イ．時間の読み方を教えること
   ウ．答えの見つけ方を教えること　　　　　エ．人に親切にすること

5. ☐☐☐☐☐内に入る最も適当なものを，次のア〜エから一つ選び，記号で答えなさい。
   ア．I helped Lisa　　　　　　　　　　イ．I had new friends
   ウ．I did my homework　　　　　　　　エ．I did the right thing

6. 本文の内容と一致するものを，次のア〜カから二つ選び，記号で答えなさい。
   ア．On the way to school, Judy talked to Ann.
   イ．Ann liked math, so she finished her homework.
   ウ．Before lunch time, Ann's friends didn't talk to her.
   エ．Some girls helped Judy, but she couldn't finish her homework.
   オ．It wasn't easy for Ann to learn how to tell the time until Lisa helped her.
   カ．Ann was sad, because Judy never liked her again.

IV. 次の1～5の質問の答えとして最も適当なものを，下のア～エから一つずつ選び，記号で答えなさい。

1. Which part of the body is between the wrist and the shoulder?
  ア. the finger   イ. the stomach   ウ. the elbow   エ. the ankle

2. I speak Japanese and English. I usually help foreign people who don't understand Japanese. What am I?
  ア. a carpenter   イ. an interpreter   ウ. an editor   エ. a fire fighter

3. Asami bought four notebooks and paid three hundred and twenty yen at a bookstore. Kana paid five hundred and forty yen for six notebooks at a convenience store. The money Sayaka paid for eight notebooks at a department store was six hundred yen. Which store sold the most expensive notebooks?
  ア. a bookstore   イ. a convenience store
  ウ. a department store   エ. a bookstore and a convenience store

4. When you are young, everything is easy to learn, but when you are older, it is not so easy. So you should do new things when you are younger. What do you say in this case?
  ア. Too many cooks spoil the broth.   イ. A friend in need is a friend indeed.
  ウ. When the cat's away, the mice will play. エ. Strike while the iron is hot.

5. December 28th was Friday last year. What day was New Year's Day this year?
  ア. Wednesday   イ. Sunday   ウ. Tuesday   エ. Monday

V. 次の1～4の各組の英文がほぼ同じ意味になるように，(①)(②)内に入る語句の組み合わせとして最も適当なものを，ア～エから一つずつ選び，記号で答えなさい。

1. Daisuke takes pictures very well.
  Daisuke is a very (①) (②).
  ア. ① well ② picture   イ. ① well ② photographer
  ウ. ① good ② picture   エ. ① good ② photographer

2. Please tell me your birthday.
  (①) tell me when (②) born?
  ア. ① Would you ② you were   イ. ① Would you ② were you
  ウ. ① Shall we ② to   エ. ① Do you ② to

3. My brother went to Okinawa and has just come back.
  My brother has just (①) (②) Okinawa.
  ア. ① been ② in   イ. ① been ② to
  ウ. ① gone ② to   エ. ① come ② to

4. They speak French and English in Canada.
  French and English are the languages (①) are (②) in Canada.
  ア. ① which ② speaking   イ. ① they ② spoken
  ウ. ① who ② speaking   エ. ① which ② spoken

VI. 次の1～4の日本語の意味に合うように（　）内の語句を並べかえたとき，（　）内で3番目と5番目にくるものを，下のア～キから一つずつ選び，記号で答えなさい。ただし余分な選択肢が一つずつあります。文頭の語も小文字で書いてあります。

1. 彼に午後に買い物に行くように言ってくれますか。
  (ア. you イ. to ウ. could エ. tell オ. go カ. say キ. him) shopping this afternoon?

2. あなたはいつ部屋の掃除を終えましたか。
  (ア. did イ. finish ウ. when エ. the room オ. you カ. to clean キ. cleaning)?

3. 世界にはたくさんの種類の言語があることを学びました。
  I've learned (ア. of イ. many kinds ウ. are エ. languages オ. words カ. in キ. there) the world.

4. 次のオリンピックはどこで開催されるか知っていますか。
  Do you (ア. where イ. held ウ. is エ. be オ. know カ. the next Olympics キ. will)?

VII. 次の日本語の意味に合うように英文を作るとき，下の ① , ② , ③ に入る最も適当な英語を1語ずつ書きなさい。
  あなたは海に住む一番大きな動物は何か知っていますか。
  Do you know ① the largest ② ③ in the sea is?

平成 25 年度　　一般入学試験解答用紙

数 学

[1]	(1)	(2)
	(3)	(4)
	(5) $\widehat{AB}:\widehat{DC}=$ ：	(6) 個

| [2] | (1) $S=$ | (2) $\ell=$ |
| | (3) $S=$ | |

| [3] | (1) $A($ 　　，　　 $)$ | (2) |

| [4] | (1) | (2) $a=$ |

| □特進・選抜コース
□普通コース
□科学技術科
□情報科学科 | 受験番号 | 氏　名 | 得　点
※100点満点
（配点非公表） |

平成 25 年度　　一般入学試験解答用紙

英 語

I	1		2	（　　　　　　　　　）hours				
	3		4					
	5							
II	1		2					
	3		4					
	5							
III	1	（　　　　　）（　　　　　）（　　　　　）						
	2		3		4			
	5		6					
IV	1		2		3			
	4		5					
V	1		2					
	3		4					
VI	1	3番目	5番目					
	2	3番目	5番目					
	3	3番目	5番目					
	4	3番目	5番目					
VII	①		②		③			

□ 特進・選抜コース □ 普 通 コ ー ス □ 科 学 技 術 科 □ 情 報 科 学 科	受験番号	氏　　名	得　点
			※100点満点 （配点非公表）

平成 24 年度　　一般入学試験問題　　愛知工業大学名電高等学校

数 学 （解答はすべて別紙解答用紙に記入しなさい。）

（40分）

[1] 次の問いに答えなさい。

(1) $\dfrac{18}{\sqrt{3}} - \dfrac{4}{\sqrt{8}} + \sqrt{2} - \sqrt{27}$ を計算しなさい。

(2) $(-3xy^2)^2 \div \dfrac{6xy^3}{z^2} \times \dfrac{2x}{3z^2}$ を計算しなさい。

(3) 連立方程式 $\begin{cases} 0.4x + y = 3.2 \\ 4x - \dfrac{y+10}{3} = 8 \end{cases}$ を解きなさい。

(4) 右の図のように，線分 AB を直径とする円があります。

$\overset{\frown}{AB}$ 上に $\overset{\frown}{AC} = \overset{\frown}{BC}$ となるように点 C をとり，線分 AB の B 側の延長線上に $\angle CDA = 27°$ となるように点 D をとります。また，点 A を通り，線分 CD に平行な直線をひき，この直線と円との交点を E とします。線分 AB と CE の交点を F とするとき，$\angle AFC$ の大きさを求めなさい。

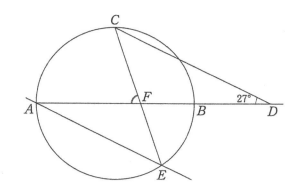

(5) 右の図のように，$A \sim D$ の箱が円形に並んでいて，箱 A にはボールが 1 個入っています。さいころを 1 回投げたとき，出た目の数が奇数ならば右回りに，偶数ならば左回りに，出た目の数だけボールを移動します。さいころを 2 回投げたとき，ボールが箱 A に戻っている確率を求めなさい。

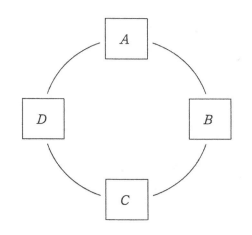

(6) ある商品を 1 個 200 円で売ったところ，用意した数の $\dfrac{3}{5}$ だけ売れました。残りを 3 個で 500 円にして売りましたが，6 個売れ残ったので 1 個 100 円にしたらすべて売れました。売り上げの合計が 13600 円であったとき，用意した商品の個数を求めなさい。

[2] 右の図のように，放物線 $y = x^2$ 上に 4 点 A，B，C，D が
あり，この 4 点の x 座標はそれぞれ -3，-2，1，3 です。
BC と OD の交点を E とするとき，次の問いに答えなさい。

(1) $\triangle OBE$ の面積を求めなさい。

(2) 原点 O を通り，四角形 ABOD の面積を 2 等分する直線
の方程式を求めなさい。

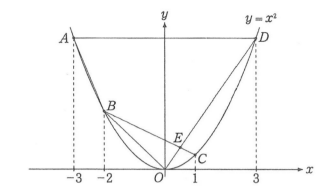

[3] 右の図のように，線分 AB を直径とする半円があります。

$\overarc{AB}$ 上に $\overarc{BP} = \overarc{PQ}$ となるように 2 点 P，Q をとります。
また，直線 AQ と直線 BP の交点を R とします。$AB = 8$，
$BP = 3$ のとき，次の問いに答えなさい。

(1) $AP : BQ$ を最も簡単な整数比で表しなさい。

(2) 線分 AQ の長さを求めなさい。

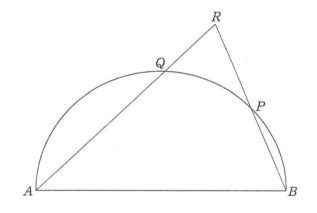

[4] 右の図のように，

$$OA = OB = OC = 3, \quad AB = BC = CA = 2$$

の三角錐 OABC があります。このとき，次の問いに答え
なさい。

(1) $\triangle OAB$ の面積を求めなさい。

(2) 辺 OB 上に $AP + PC$ の長さが最小となるように点 P
をとるとき，この長さを求めなさい。

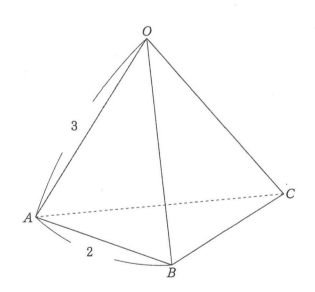

平成 24 年度　　一般入学試験問題　　愛知工業大学名電高等学校

英語　（解答はすべて別紙解答用紙に記入しなさい。）

（40分）

Ⅰ．次の文を読み，下の設問に答えなさい。

　　Jupiter, the fifth planet from the sun, is the largest planet in our solar system.　Jupiter was found a long time ago, and it has been famous since then.　Jupiter is about 640 million km from the sun.　It takes Jupiter about twelve Earth years to move once around the sun.

　　This very large planet is a ball of gases and liquids.　Colorful clouds make up its outer air.　These clouds are pushed by strong winds that can blow as hard as 640km an hour.　That's much ①more forceful than the worst hurricanes on Earth!

　　Jupiter has sixty-four moons.　Scientists are still trying to find new moons, so this number may change.　The four largest moons are named Io, Europa, Ganymede, and Callisto.　Io has many volcanoes.　In fact, ②it has much more volcanic activity than the Earth.　Europa is covered with ice.　Many scientists believe that this layer of ice is more than 100km deep in some places.　Callisto has more craters than any other moon in our solar system.　Ganymede is Jupiter's largest moon.　③It is much bigger than the planet Mercury!

　　We can learn a lot about Jupiter from space probes with no one on them.　In 1973, Pioneer 10 flew within 130,000km of Jupiter's cloud tops.　It sent more than five hundred pictures of the planet back to Earth.　Voyager 1 flew near Jupiter in 1979.　The space probe Galileo began to move around Jupiter in late 1995, and sent back beautiful pictures until it left Jupiter in 2003.

　　Scientists believe that it is important to study Jupiter and its moons.　They think that it may be a great help for us to learn more about the early history of the Earth.　When we understand other planets in our universe, we will understand that our own planet is very important.

（注）

Jupiter 木星	solar system 太陽系	million 百万	gases ガス
liquids 液体	outer 周囲の	hurricanes ハリケーン	volcanoes 火山
volcanic activity 火山活動	covered 覆われて	layer 層	craters クレーター
Mercury 水星	space probes 宇宙探査船		

1．下線部①の意味として最も適当なものを，次のア〜エから一つ選び，記号で答えなさい。

　　ア．stronger　　　　　　　イ．weaker　　　　　　　ウ．bigger　　　　　　　エ．smaller

2．下線部②と③が示す意味の組み合わせとして最も適当なものを，次のア〜エから一つ選び，記号で答えなさい。

　　ア．② Io　　　③ Europa　　　　　　　　　　　イ．② Europa　　　③ Ganymede

　　ウ．② Io　　　③ Ganymede　　　　　　　　　　エ．② Europa　　　③ Callisto

3．木星が1回公転するのに地球上では何年かかりますか。最も適当なものを，次のア〜エから一つ選び，記号で答えなさい。

　　ア．8年　　　　　　　　　イ．12年　　　　　　　　ウ．16年　　　　　　　　エ．20年

4．無人探査船が木星の写真を地球に初めて送った年として最も適当なものを，次のア〜エから一つ選び，記号で答えなさい。

　　ア．1973年　　　　　　　　イ．1979年　　　　　　　ウ．1995年　　　　　　　エ．2003年

5．科学者たちが木星の研究を大切だと考えている理由として，最も適当なものを，次のア〜エから一つ選び，記号で答えなさい。

　　ア．地球の天気を研究する助けとなるから。

　　イ．将来，木星に移住をしたいから。

　　ウ．地球外生命体を探したいから。

　　エ．地球の初期の歴史を知る助けとなるから。

6．本文の内容と一致するものを，次のア〜カから二つ選び，記号で答えなさい。

　　ア．Many people have known about Jupiter for a long time.

　　イ．Earth is 640 million km from Jupiter.

　　ウ．Mercury has more than 64 known moons.

　　エ．Europa is Jupiter's smallest moon and covered with ice.

　　オ．A lot of things can be learned about Jupiter from space probes.

　　カ．After Galileo finished its work, it came back to Earth in 2003.

Ⅱ．次の文を読み，下の設問に答えなさい。

(1)　Engineers have built mines and tunnels under the ground for thousands of years.　A tunnel is a road people built under the ground or under water.　Many tunnels carry railways, canals and roads under small mountains and buildings, but some of the most interesting tunnels are under city streets.　①Some are still used, and some are silent and empty.

(2)　There have been many changes since the world's first railway was built under the ground in London almost 150 years ago.　Old lines have closed and new ones have opened, and London has many dark, empty stations under the ground.　They do things better in Paris.　When trains go through one empty station, passengers see a 50 meter painting of a sunny beach.　"When I see them, I think of my summer holidays!" said one passenger.

(3)　In London, letters travel by railway under the ground.　The 'Mail Rail' was built in 1927 and is still working beautifully.　There are no passengers and no drivers.　The 'Mail Rail' carries more than 23,000 bags of mail every day. The letters travel quickly and don't get any of London's traffic problems.

(4)　Every city has sewers under its streets to carry away the sewage from bathrooms everywhere.　Before the London sewers were built, everything went into the River Thames.　The water was dark and brown; no fish could live in it.　By 1858 nobody could work in the new Houses of Parliament because of the smell.

(5)　The great engineer Joseph Bazalgette built hundreds of kilometers of new sewers under London.　Many are still used today.　Smaller sewers carry the sewage into bigger ones, and then rivers of sewage under the ground run through great tunnels.

(6)　It is possible to walk through the sewers, but there are also TV cameras on wheels which travel along the sewers and send pictures.　When something goes wrong, engineers send machines along the sewer, but sometimes a person has to do the job.

(7)　There are millions of rats in sewers all over the world.　There are a lot of stories of strange animals too — and （　②　） of these are true.　In 1984 workers found a baby crocodile in a sewer, and an English family found a snake in their toilet.　"People buy animals, and then when they do not want them anymore, they put them down the toilet," says an engineer.　"Our workers often see goldfish.　And we sometimes see terrapins too."

（注）　engineers 技師　　　mines 坑道　　　　　　　　　　　　tunnels トンネル　　　railways 鉄道線路
　　　　canals 運河　　　　　empty 人通りがない　　　　　　　passengers 乗客　　　sewers 下水道
　　　　sewage 下水　　　　　the Houses of Parliament 国会議事堂　smell におい　　　　wheels 車輪
　　　　crocodile ワニ　　　　terrapins ヌマガメ

1．下線部①の直後に省略されている語として最も適当なものを，次のア〜エから一つ選び，記号で答えなさい。
　　　　ア．railways　　　　　　　イ．tunnels　　　　　　　ウ．canals　　　　　　　エ．city streets

2．（　②　）内に入る最も適当なものを，次のア〜エから一つ選び，記号で答えなさい。
　　　　ア．that　　　　　　　　　イ．a little　　　　　　　ウ．some　　　　　　　　エ．much

3．本文の内容に関する次の問答の（　　）内に入る語句を，本文中の英語2語で書きなさい。
　　Q：How long has the mail rail carried letters in London?
　　A：For （　　） eighty years.

4．本文のタイトルとして最も適当なものを，次のア〜エから一つ選び，記号で答えなさい。
　　　　ア．UNDER THE CITY　　　　　　　　　　イ．MANY KINDS OF RAILWAYS
　　　　ウ．ON THE ROAD　　　　　　　　　　　　エ．MINES IN LONDON

5．本文の(1)〜(7)の段落を内容で三つに分けたグループとして最も適当なものを，次のア〜エから一つ選び，記号で答えなさい。

記号	グループ1	グループ2	グループ3
ア．	(1)	(2)　(3)　(4)	(5)　(6)　(7)
イ．	(1)	(2)　(3)	(4)　(5)　(6)　(7)
ウ．	(1)　(2)　(3)	(4)　(5)　(6)	(7)
エ．	(1)　(2)　(3)　(4)	(5)　(6)	(7)

6．本文の内容と一致するものを，次のア〜カから二つ選び，記号で答えなさい。
　　　　ア．約150年前に作られたロンドンの地下鉄は，今でも作られた当時のまま使われている。
　　　　イ．ロンドンの地下鉄には，全長50mの浜辺の絵が描かれた駅がある。
　　　　ウ．ロンドンの郵便列車は，運転手の他に急ぎの客が乗車することもできる。
　　　　エ．郵便列車で運ばれる郵便物は，ロンドンの渋滞に巻き込まれることなく，早く運ばれる。
　　　　オ．ロンドンの下水のにおいのために，1858年までには，誰も新しい国会議事堂で働くことができなくなった。
　　　　カ．ロンドンの技師達は下水で見つけた，珍しい生物を家に持ち帰ることが許されている。

Ⅲ. 次の文を読み，下の設問に答えなさい。

Mika Hayashi, a college student from Japan, had a wonderful homestay in London. She lived with a British family and studied English for a month.

"What do you want for your 19th birthday present?" Mika's parents asked her. "A ring," she answered. They didn't give her a ring, but they gave her a one-month homestay in London.

On February 11, she left Japan. On the plane, she worried about her life in England. She would learn a lot, but she would be alone. But when she met her host family, she felt both her host father and mother were very kind. They didn't have any children but she was able to live with them like their daughter.

Before going to London, Mika looked for English schools in London and chose Oxford House College, because she didn't want to spend a lot of money, and its ①fees are not very high.

Mika's parents told her to request that her homestay family should have both a mother and a father, who were non-smoking, middle-class people, and lived near a train station. She found that this was their best advice, because some of her friends at the English school were having problems with their host families.

Mika's host mother was a good cook. She made delicious pasta and chicken dishes for her.

Helen, a French girl, was another homestay student living with Mika, and they went around London together. On Saturdays, their host family had a party at home with their friends or family. Helen and Mika went to the parties and really enjoyed themselves.

Although Mika chose a school with few Japanese students, there were two or three in each class. In class, Mika tried to speak English a lot, but many Japanese students didn't use their English very much, and spoke only Japanese with their friends.

Sometimes, Mika asked other people, "What do you think of Japan?" "Japanese people work too hard," said her French friend, "and they are very rich." Mika did not think so, but she was interested in Helen's answers.

②When she came back to Japan, Mika told her parents that she found that speaking English was very important, because it is the language that people from many countries use the most. She thought that she got a very nice (③) from her parents.

1．下線部①が示す最も適当なものを，次のア～エから一つ選び，記号で答えなさい。

　　ア．授業料　　　　　　　イ．学校の教育水準　　　　ウ．身長　　　　　　　エ．英語の成績

2．下線部②は何月ですか。英語1語で書きなさい。

3．(③)内に入る最も適当な語句を，本文中の英語2語で書きなさい。

4．本文の内容に合うように次の文の( )内に入る語を，本文中の英語1語で書きなさい。

In England Mika didn't feel that she was ( ), because her host family was very nice.

5．美歌が両親からもらったホームステイ先の家族に関する助言の中で，**本文中にないもの**を，次のア～エから一つ選び，記号で答えなさい。

　　ア．夫婦共に健在であること。　　　　　　イ．夫婦共に喫煙をしないこと。

　　ウ．駅の近くに住んでいること。　　　　　エ．留学生に対する要望が少ないこと。

6．本文の内容と一致するものを，次のア～オから一つ選び，記号で答えなさい。

　　ア．Mika's host family had a child.

　　イ．Mika lived in Oxford when she was in England.

　　ウ．There were not many Japanese students at the school which Mika chose.

　　エ．Most of the Japanese students at Mika's school in England often spoke English.

　　オ．Both Helen and Mika thought that Japanese people work too hard.

Ⅳ．次の1〜4の質問の答えとして最も適当なものを，ア〜エから一つずつ選び，記号で答えなさい。

1．Mr. and Mrs. Smith have a son named Henry. Mr. Smith has a sister, Maria. She is the mother of a boy, Ken. Mrs. Smith has a brother, David. He is the father of a girl, Lisa. What is Henry for Ken and Lisa?

  ア．a cousin   イ．a daughter   ウ．a grandfather   エ．an uncle

2．Two girls, Ellen and Lisa invited three boys, Bob, Jack, and Ken to the park, and they ran a hundred meters. Lisa ran faster than Ellen. Bob ran faster than Ken. Ken ran as fast as Lisa, but wasn't faster than Jack. Jack didn't run as fast as Bob. Who ran the fastest of the five?

  ア．Ellen   イ．Bob   ウ．Jack   エ．Ken

3．Eri had two thousand yen. Then she went to a stationery store and bought three notebooks and one mechanical pencil. Each of the notebooks was one hundred and fifty yen, and the mechanical pencil was six hundred yen. How much money is left for Eri now?

  ア．450 yen   イ．650 yen   ウ．950 yen   エ．1,050 yen

4．Mrs. Brian bought a box of thirty-two chocolate candies. She ate four of them and they were very nice. So Mrs. Brian decided to give some to her five children. She wanted to give them most of the candies. She put the same numbers of candies into each of the five bags. How many candies are left in the box?

  ア．none   イ．three   ウ．five   エ．seven

Ⅴ．次の1〜4の各組の英文がほぼ同じ意味になるように，（ ① ）（ ② ）内に入る語句の組み合わせとして最も適当なものを，ア〜エから一つずつ選び，記号で答えなさい。

1．We must keep our classroom clean.
  Our classroom (①) to (②) clean.
  ア．① must ② keep イ．① must ② be kept ウ．① has ② be kept エ．① has ② be keeping

2．The boy was too tired to study any more.
  The boy was (①) tired that he (②) study any more.
  ア．① so ② wasn't able   イ．① very ② wasn't able
  ウ．① very ② couldn't   エ．① so ② couldn't

3．I have never seen such a beautiful mountain.
  This is (①) beautiful mountain that I have (②) seen.
  ア．① a more ② ever   イ．① a more ② never
  ウ．① the most ② never   エ．① the most ② ever

4．You didn't have to come here.
  (①) not necessary (②) here.
  ア．① You were ② to come   イ．① It was ② for you to come
  ウ．① You were ② that you come   エ．① It was ② for your coming

Ⅵ．次の1〜4の日本語の意味に合うように（ ）内の語句を並べかえたとき，（ ）内で3番目と5番目にくるものを，ア〜キから一つずつ選び，記号で答えなさい。ただし余分な選択肢が一つずつあります。

1．その人々は地震の後，どうしたらよいか分からなかった。
  The people (ア．do イ．know ウ．what エ．after オ．how カ．to キ．didn't) the earthquake.

2．誰もが世話をしてくれる人を必要としています。
  Everyone (ア．of イ．someone ウ．needs エ．take care オ．who カ．to キ．them).

3．日本中の人々がそのニュースを聞いて悲しくなった。
  (ア．all イ．people ウ．over エ．Japan オ．the news カ．heard キ．made) sad.

4．私はできる事をしようとした。
  I (ア．something イ．I ウ．able to エ．tried オ．was カ．could キ．to do) do.

Ⅶ．次の日本語の意味に合うように英文を作るとき，下の ① ， ② ， ③ に入る適当な英語を1語ずつ書きなさい。
  沖縄に住むおばのうち一人は，以前アメリカに行ったことがあります。
  One of my aunts who ① in Okinawa ② been ③ the United States before.

数 学

[1]	(1)	(2)
	(3)	(4)
	$x =$ 　　　　, $y =$	$\angle AFC =$
	(5)	(6)
		個

[2]	(1)	(2)

[3]	(1)	(2)
	$AP : BQ =$	$AQ =$

[4]	(1)	(2)

□特進・選抜コース □普 通 コ ー ス □科 学 技 術 科 □情 報 科 学 科	受験番号	氏　名	得　点
			※100点満点 （配点非公表）

平成24年度　　一般入学試験解答用紙

英語

I	1		2		3	
	4		5			
	6					
II	1		2			
	3				4	
	5		6			
III	1		2			
	3				4	
	5		6			
IV	1		2			
	3		4			
V	1		2			
	3		4			
VI	1	3番目	5番目			
	2	3番目	5番目			
	3	3番目	5番目			
	4	3番目	5番目			
VII	①		②		③	

	受験番号	氏　　名	得　点
□ 特進・選抜コース □ 普通コース □ 科学技術科 □ 情報科学科			

※100点満点
（配点非公表）